Karl König

Jenseits von Tod und Geburt

Karl König

Jenseits von Tod und Geburt

Die Verwandlung des Menschen

Herausgegeben von Richard Steel und Michael Bruhn

Verlag Freies Geistesleben

Karl König Werkausgabe
Abteilung 8: Allgemeine Anthroposophie

Karl König Archive
Camphill

Dieser Band ist Renate Sleigh (geborene König, 3. Dezember 1930) gewidmet. Sie starb am 3. Juli 2020, im 80. Jahr nach Begründung der Camphill-Bewegung, in Camphill Village, Western Cape, Südafrika. Karl König hatte sie 1957 gebeten, mit einer kleinen Gruppe seiner Mitarbeiter aus Schottland nach Südafrika zu gehen, um dort die Camphill-Arbeit aufzubauen, die in Ansätzen von einer Elterngruppe schon vorbereitet worden war.

1. Auflage 2022

Verlag Freies Geistesleben
Landhausstraße 82, 70190 Stuttgart
www.geistesleben.com

Frontispiz: Karl König mit seinen Kindern Renate und Christof, Pilgramshain 1935

Weitere Informationen zur Karl König Werkausgabe
finden Sie unter: www.karlkoeniginstitute.org

ISBN 978-3-7725-2419-6

Gestaltung & Satz: Bianca Bonfert
Abbildung S. 35: Kupferstich von Godefroy nach Zeichnung von Gaspard Duché de Vancy (gest. 1788). Aus: *Atlas du Voyage de La Pérouse autour du monde pendant les années 1785–1788*, Paris 1797, Paris, Bibliothèque Nationale. © akg-images
Druck und Bindung: Eberl & Koesel GmbH, Altusried-Krugzell
Printed in Germany

Inhalt

Die Welt der Verstorbenen

Einleitung

von Michael Bruhn[1]

Das Tor der Geburt und das Tor des Todes – die Fragen, woher wir vor der Empfängnis gekommen sind und wo wir nach dem Tode hingehen, waren schon immer die Grundlagen für jede Art von religiösem Nachdenken. Die östlichen Religionen haben beiden Fragerichtungen gleiches Gewicht gegeben und sind von einem nie endenden Kreislauf von Leben, Tod und Wiedergeburt ausgegangen. Zum Teil trat auch noch die Frage hinzu, wie es möglich sei, diesen Kreislauf zu überwinden oder ihm zu entfliehen. Die westlichen monotheistischen Religionen, vor allem Judentum und Christentum, aber auch der Islam, haben sich in steigendem Maße auf das Leben nach dem Tode konzentriert und die erste Frage dabei entweder ganz vergessen oder die Vorstellung entwickelt, dass die Menschenseele aus dem Nichts bei der Empfängnis oder der Geburt erschaffen wird.

Auf diese Weise rücken Natur und Erdenleben viel mehr in den Mittelpunkt. Letztlich wird auch die materialistisch geprägte Naturwissenschaft auf diese Weise vorbereitet, die vorherrschende «Religion» unserer Zeit.

Wenn es nur ein Erdenleben gibt, dann gibt es keine zweite Chance, dann hängt alles von unserem moralischen Verhalten oder unserem äußeren Erfolg in diesem Leben ab. Himmel oder Hölle, ewige Seligkeit oder ewige Verdammnis erwarten uns, oder es kommt nach dem Tode gar nichts und wir sind nichts anderes als komplizierte Maschinen, geschaffen durch Evolution und Zufall und weder die Existenz des Lebens noch die des Bewusstseins lassen sich erklären.

Das «Tor der Geburt» war auch das Tor, das Karl König zur Anthroposophie geführt hat. Am Tage seiner Einschreibung als Medizinstudent an der Wiener Universität hatte er in sein Tagebuch geschrieben:

> Das materialistische Meer wird auf mich einstürzen. Aber ich will Stand halten. Die Welt und das All sind voll von Gott und voll von Engeln und Wundern.

Es war einer seiner Professoren, der die tieferen Fragen des jungen Studenten erkannte und wie unzureichend diese durch die konventionelle Wissenschaft beantwortet werden konnten. Er gab ihm die ersten Hinweise, die ihn zur Entdeckung der Anthroposophie führten. Als notwendige Ergänzung der Wissenschaft würde sie ihm helfen, eigene Antworten zu finden. Sein lebenslanges Interesse für die Embryologie und seine Forschungen auf diesem Felde haben hier begonnen.

Anthroposophie bemüht sich darum, den Begriff der Evolution zu erweitern und auch die Evolution des menschlichen Denkens, die Evolution des Bewusstseins mit einzubeziehen. Ebenso die Evolution unseres Verhältnisses als Menschen zu einer geistigen Welt, die zwar jenseits unserer Sinneserfahrung, aber keineswegs jenseits unseres Erlebens zu finden ist. In diesem Zusammenhang wird der alte Gedanke der Reinkarnation individualisiert, nicht mehr als ein Kreislauf ewiger Wiederholungen, sondern als individuelle Entwicklungsmöglichkeit einer ewigen Individualität im Rahmen der größeren Evolution menschlichen Bewusstseins.

Später sprach Karl König manchmal von «Embryosophie», tatsächlich ein Thema voll geistiger Wesenheiten und wundersamer Fragen, denn im Rahmen des Reinkarnationsgedankens stellt sich dann auch die Frage, wie wir als Menschenwesen uns auf ein Erdenleben vorbereiten und unseren zukünftigen Erdenleib in seiner Entstehung schon anlegen und vorbereiten und wer uns dabei behilflich ist.

Im Laufe der Zeit aber wurde das andere Tor, das «Tor des Todes» für Karl König ebenso wichtig und diese Betrachtungsweise ist auch der Ausgangspunkt für die drei Vorträge über die Verstorbenen, die den Kern dieses Buches ausmachen: Von diesem Gesichtspunkt aus befindet sich zu jeder Zeit nur eine kleine, wenn auch wachsende Zahl von Menschen auf dieser Erde. Die allermeisten sind mit ihren verschiedenen Entwicklungsphasen in der geistigen Welt beschäftigt. Von uns Erdenmenschen sind sie nur dadurch getrennt, dass wir nicht fähig sind, sie physisch wahrzunehmen und vielleicht auch gar nicht an ihre Existenz glauben. In älteren Kulturen war der trennende Schleier zwischen dem physischen und dem geistigen Bereich unserer Welt dünner. In unserer Zeit, so beschreibt es der Vortragende, ist er zu einer immer dichter werdenden Hecke geworden, die nur noch schwer zu durchdringen ist.

Warum war das so wichtig für Karl König und die, die ihm zuhörten? Solche Vorträge waren Teil eines fortwährenden Fortbildungsprogramms in Anthroposophie für die Mitarbeitenden verschiedener Camphill-Gemeinschaften, und da diese Vorträge in Newton Dee gehalten wurden, einer Gemeinschaft, die gerade begonnen hatte, auch die Inklusion von Erwachsenen mit Behinderungen in ihr Leben und Arbeiten aufzunehmen, könnten auch von ihnen einige dabei gewesen sein.

Der dritte Vortrag enthält auch interessante Details über das Zusammenwirken von Redner und Zuhörenden, das Karl König erhoffte und geradezu forderte: Er erwähnt ein neues Thema, das er schon in der vorigen Woche habe einbringen wollen, das aber «abgelehnt» worden sei. Er sagt nicht dazu, von wem und auf welche Weise, aber in der Nachschrift des zweiten Vortrags findet sich keine Spur von einem solchen Versuch, dieses Thema, die Entwicklung der «höheren Wesensglieder» des Menschen nach dem Tode, schon einzubringen. Er muss wohl entweder einen Widerstand oder eine mangelnde Offenheit für dieses Thema empfunden haben oder eine Art Widerstand in seiner eigenen Gedankenbildung, die ihn das Thema auf die folgende Woche verschieben ließ.

Wer einen Vortrag hält und dabei nicht einfach ein schon geschriebenes Manuskript «abspult», sondern den Kontakt mit dem Publikum sucht, kennt die intensive non-verbale Kommunikation, die dabei stattfindet und beide Seiten beeinflussen kann. Karl König fühlte sich dafür verantwortlich, Anthroposophie als geistige Grundlage für Heilpädagogik und Sozialtherapie in den Camphill-Gemeinschaften durch Vorträge und andere Formen der Fortbildung zu entwickeln und zu verankern. Dabei war er auch von der Notwendigkeit überzeugt, mit den bereits Verstorbenen zusammenzuarbeiten. Die meisten Mitglieder der Gründungsgruppe von Camphill waren jüdischer Herkunft und hatten Freunde und Familienmitglieder in den deutschen Vernichtungslagern verloren. Einige der betreuten Kinder waren bereits seit dem Beginn der Arbeit in Schottland gestorben, ebenso einzelne Mitarbeitende oder der Arbeit freundschaftlich verbundene Menschen. Jeder dieser Todesfälle wurde in Camphill sehr ernstgenommen, es wurden Nachrufe veröffentlicht, man gedachte der Todestage, entdeckte historische Zeitrhythmen und beachtete dabei auch die astronomischen und astrologischen Sternkonstellationen. Ein Beispiel dafür, von Karl König für Wolfgang Beverley geschrieben, findet sich in diesem Buch, ebenso Tagebuchaufzeichnungen, Notizen für Vorträge, ein Brief an die Witwe eines Freundes, Gedanken zum Thema des Todes in Rudolf Steiners *Seelenkalender*, ein Artikel zum Thema aus einer medizinischen Fachzeitschrift und ein weiterer Artikel darüber, wie Kinder Geburts- und Todesereignisse erleben.

Viel später, Karl König war längst gestorben, kam ich selbst im Alter von 25 Jahren als Mitarbeiter in eine kleine Camphill-Gemeinschaft in Schottland. Ich wusste wenig von Anthroposophie und war beeindruckt, wie ernsthaft und gleichzeitig unbeschwert Sterben und Tod in diesen Gemeinschaften begleitet wurden. Es gab zwar keine Todesfälle in meiner unmittelbaren Umgebung, aber über einen weltweiten Telefonring wurden wir über Todesfälle in anderen Gemeinschaften informiert. Ich erfuhr, dass der Leib der Verstorbenen in ihrem Zimmer blieb oder in eine Aufbahrungskapelle gebracht wurde, dass für drei Tage Totenwache gehalten wurde, wobei man sich mit dem Lesen des Evangeliums rund um die Uhr abwechselte. Um dies aus der Ferne zu begleiten, fanden auch wir uns zumindest einmal am Tag zu einer Evangelien-Lesung zusammen. Ich war sehr beeindruckt von dieser positiven Haltung zum Sterben und noch mehr von der dahinterstehenden Überzeugung, dass die Verstorbenen gegenwärtig sein und sich mit den Gedanken der Lebenden, die an sie denken, verbinden könnten.

Nach und nach lernte ich, wie in der Anthroposophie der Weg der Individualität nach dem Tode beschrieben wird: Für die ersten Tage als «Lebenspanorama» im Einklang mit dem, was auch sonst von Schock- oder Nahtoderlebnissen berichtet wird, dann als individuelle Verarbeitung des vergangenen Erdenlebens und der Erlebnisse, die andere an uns gehabt haben. Dann folgt die Vorbereitung, möglicherweise jahrhundertelang, auf ein neues Erdenleben in ganz anderen Lebensumständen.

Als ein Freund von mir weit entfernt unter ungeklärten Umständen starb, sodass nicht ganz deutlich war, ob er sich das Leben genommen hatte, stand mir ein erfahrener Mitarbeiter beratend zur Seite mit Ideen, wie ich versuchen könnte, meinen Freund innerlich auf seinen ersten Schritten in der geistigen Welt zu begleiten, wie ich mit ihm in Verbindung bleiben und mich für Ideen und Denkanstöße öffnen könnte, die er mir möglicherweise würde mitteilen wollen.

All dies geschah in einer ganz offenen und sachlichen Art und Weise, im Einklang mit einer der Zukunftsideen der Anthroposophie: dass die typische Verdrängung von Tod und Sterben in unseren westlichen Kulturen überwunden und immer mehr ersetzt werden sollte durch eine neue, imaginative Art der Kommunikation über die Schwelle zur geistigen Welt hinweg, nicht nur mit den geistigen Wesen, die das Menschenleben begleiten, sondern vor allem auch mit den sogenannten «Toten».

In einem der hier veröffentlichten Vorträge geht Karl König sogar so weit, dass er meint, die Kommunikation mit den Verstorbenen werde in Zukunft ein ganz normales Universitätsfach werden!

Bisher kann ich keine große Wahrscheinlichkeit dafür entdecken, dass dies in näherer Zukunft geschehen könnte. Karl König hat sich aber ganz klar bemüht, diesen Lehrinhalt aus der Anthroposophie seinen Mitarbeitenden in Camphill zu vermitteln. Es kam auch vor, dass er Aufgaben an Einzelne oder an eine Gruppe innerhalb der Gemeinschaft verteilte, sich mit bestimmten verstorbenen Persönlichkeiten näher zu befassen. Manchmal waren das historische Figuren, deren Impulse seiner Meinung nach besser verstanden werden sollten, um in der Entwicklung der eigenen Gemeinschaft fruchtbar zu werden. Vor allem aber bestand er darauf, dass diese Beschäftigung nicht hauptsächlich der Frage dienen sollte «was können die Verstorbenen für uns tun?» – sondern viel eher der Frage «was können wir für sie tun?». Für ihn war es offensichtlich, dass es den Menschen in der geistigen Welt helfen würde, wenn sich jemand im Erdenleben mit ihren Ideen und Impulsen beschäftigen würde, versuchen würde sie zu verstehen, um sie im eigenen Leben und Arbeiten fruchtbar zu machen. Nur bei so einer selbstlosen Haltung könnten dann auch in der anderen Richtung hilfreiche Ideen und Gedanken ins Erdenleben zurückfließen.

Seiner Jugendgruppe in Wien hatte er einmal die Aufgabe gegeben, sich mit dem Leben jung verstorbener Weltkriegssoldaten zu befassen und sich mit ihren unerfüllten Zielen und Intentionen zu verbinden. Das Datum des letzten Treffens dieser Gruppe am 11. März 1938, als die Nazitruppen bereits in Österreich einmarschierten, wurde für König besonders bedeutsam, einerseits für sein «historisches Gewissen» und seine ständige Aufmerksamkeit für die Weisheit historischer Rhythmen, andererseits auch in seinem persönlichen Leben. Am 11. März 1314 war Jacques de Molay, letzter Großmeister des Templerordens, in Paris auf dem Scheiterhaufen verbrannt worden. Später stellte sich dann heraus, dass gerade in der Umgebung von Camphill House, dem ersten dauerhaften Wohnort der entstehenden Camphill-Gemeinschaft, die Tempelritter nach 1314 ihre Arbeit hatten fortsetzen können, wie auch an einigen anderen Orten in Schottland. Seitdem erwähnte König oft den 11. März. Eine bekannte Weihnachtsgeschichte, die er seiner Frau Tilla gewidmet hatte, überreichte er ihr mit dieser Widmung am 11. März 1947. Es war für die beiden aber auch ein persönlicher Gedenktag, denn fünf Jahre vorher, am 11. März 1942, war das fünfte Kind des Ehepaares König tot geboren worden.

Es gibt noch andere Gründe, warum das Nachdenken über Geburt und Tod, Wiederverkörperung, Schicksal und Karma für die anthroposophische Heilpädagogik besonders bedeutsam ist. Von diesem Gesichtspunkt aus kann die Individualität, das ewige Selbst nicht krank werden und von keiner Behinderung betroffen sein. Die Seele aber, die Lebensprozesse und der physische Leib können, aus welchen Gründen auch immer, unvollständige Werkzeuge für diese Individualität darstellen, die sie dann an der vollen Selbstverwirklichung hindern. In der erwähnten Weihnachtsgeschichte, geschrieben nach dem Tode mehrerer Kinder, die in der Obhut der Gemeinschaft waren, geht Karl König der Frage nach, wie es wohl dem ewigen Wesen dieser Kinder ergehen mag, nun, da es sich von seinen unvollkommenen Werkzeugen befreien konnte. Er stellt sich vor, dass diese verstorbenen Kinder sich zu einer gemeinsamen Zukunftsaufgabe zusammenfinden. Jeder ewigen Individualität zur Entwicklung zu helfen, egal wie verhüllt sie sein mag durch ihre irdischen Schwierigkeiten und Probleme, ihr gelegentliches Durch-Scheinen durch diese irdische Hülle wahrzunehmen und ihr immer mehr zu helfen, sich in diesem mehr oder weniger schwierigen Erdenleben zurechtzufinden und auszudrücken, das war für ihn das zentrale Anliegen als Arzt und Heilpädagoge. Wir können nie wissen, ob der Grund für eine Einseitigkeit, eine Krankheit oder Behinderung in der Vergangenheit liegt oder eher auf eine zukünftige Aufgabe vorbereitet. Aber die Möglichkeit, wiederholte Erdenleben, Wiederverkörperung und Karma auch nur in Betracht zu ziehen, ist die allergrößte Hilfe für die Arbeit mit Menschen, deren Leben von einem materialistischen Standpunkt aus nur noch viel sinnloser erscheinen kann als unser eigenes. Was immer uns im Leben begegnet, wir könnten es uns bei der Vorbereitung unseres Erdenlebens selber ausgesucht haben als notwendige Herausforderung. Es mag auch andere Gründe geben, und Reinkarnation darf niemals als billige Entschuldigung für mangelnde Eigenaktivität herhalten. Aber die Offenheit und Beweglichkeit dem fremden Schicksal gegenüber, die durch Anthroposophie in die Heilpädagogik und Sozialtherapie hineingebracht wird, kann lebensverändernd sein. So war es jedenfalls für mich!

Karl König war einer der Pioniere dieser vorausschauenden Haltung gegenüber Menschen mit Behinderungen. Er bestand darauf, dass jedes Kind, völlig unabhängig von seinen äußeren Möglichkeiten, ein Recht auf Schulbesuch und Bildung habe. Und dies zu einer Zeit, wo diese heute selbstverständliche Forderung völlig unerhört und neu war. Für die Schulbildung legte er Wert auf tägliche Beschäftigung mit altersgemäßen Lehrinhalten, wiederum unabhängig von intellektuellen Einschränkungen oder anderen Behinderungen.

Für die später gegründeten sozialtherapeutischen Lebensgemeinschaften mit Erwachsenen beanspruchte er, dass hier keine pädagogische Haltung den Betreuten gegenüber herrschen dürfte, sondern in gegenseitiger Akzeptanz der verschiedenen Fähigkeiten eine gleichberechtigte gemeinsame Arbeitsatmosphäre zu schaffen sei. Für jede Altersstufe aber war er überzeugt, dass es keinen echten Fortschritt geben könnte, wenn diejenigen, die bereits die Schwelle zur geistigen Welt überschritten haben, nicht einbezogen würden.

Dass es für dieses Einbeziehen keine einfachen Rezepte gibt, wird in den hier veröffentlichten Texten deutlich. Ebenso deutlich wird, dass es mit Offenherzigkeit, Imagination und der Bereitschaft, die gewohnten Denkwege zu verlassen, dennoch gelingen kann.

In seinen letzten Lebensmonaten, in einer letzten Vortragsreihe kehrte Karl König noch einmal zu dem Thema «Das Tor der Geburt und das Tor des Todes» zurück. In der Zeit davor hatte er eher allgemein über Karma und Reinkarnation gesprochen. Seine Notizen für einen dieser Vorträge sind erhalten und finden sich als Faksimile im Anhang. Hier nennt er, basierend auf Aussagen von Rudolf Steiner, das Tor, durch das wir aus der Vergangenheit gekommen sind, mit allem, was wir gelernt haben und geworden sind, das «Tor des Mondes». Das Tor, durch das wir in die Zukunft schreiten in Richtung auf unsere zukünftigen Impulse und neuen Fähigkeiten, einschließlich der Fähigkeit, den Christus in seiner Wiederkunft erkennen zu können, nennt er das «Tor der Sonne». Entsprechend hat Hans Müller-Wiedemann in seiner König-Biographie das letzte Kapitel mit «Das Tor der Sonne» überschrieben. Dieses Tor in die Zukunft hat Karl König am 27. März 1966 durchschritten und im Rückblick wird deutlich, dass er diesen Schritt recht bewusst vorbereitet hat. Schon Ende 1965 hatte er erneut mit Herzproblemen zu kämpfen, und um die Weihnachtszeit notierte er in seinem Tagebuch eine Erfahrung beim Anhören von Mahlers zweiter Symphonie:

> Und wieder ist es so, als würde vom 2. Satz an das Erlebnis nach dem Tode in allen Stufen erzählt werden.

Ungefähr zur selben Zeit dürfte sein letztes, undatiertes Gedicht entstanden sein,[2] voller Vorahnungen dessen, was vor ihm lag, vor allem in den folgenden, mittleren Versen:

> So wenden wir unseren Sinn
> Suchend den Engeln zu,
> Die einstmals den Hirten gesungen
> In der stillen Nacht.
>
> Jetzt aber lärmt der Tag durch die Nacht;
> Es blenden die Lichter den suchenden Blick;
> Es gellen Geräusche ins lauschende Ohr,
> Es schrillt die menschliche Sprache
> In das Ruhe fordernde Herz.

Dort sitzt ein einsames Weh.
Wie ein deutender Finger drückt es
Auf den Schlag und macht ihn bemerkbar,
Bewusst, als den Quell des Daseins,
Aus dem unser Leben sprießt.

Ist es der Finger des Engels,
Der den kommenden Tod verkündet?
Ist es der deutende Ernst
Des Erzengels, der dich ruft?

Der Gründer der Camphill-Gemeinschaften, der die Inspiration für sein Werk so oft bei denen gefunden hatte, die die Schwelle vor ihm überschritten hatten, wurde so selbst zu einem ihrer Inspiratoren für die Zukunft.

Vorträge, Gedichte und Aufsätze

von Karl König

Über die Verstorbenen

3 Vorträge in Newton Dee, Schottland, März 1958[3]

1. Das Tor der Geburt und das Tor des Todes

Sonntag, 16. März 1958

Heute Abend stellt eine Art Einführung zu den kommenden beiden Vorträgen dar, die uns in die Osterwoche begleiten werden. Ich habe das Gefühl, dass ich in dieser Einführung das, was ich in den Vorträgen mitzuteilen habe, mit dem verbinden sollte, was ich vergangenen Sonntag zu sagen hatte – ganz speziell den jungen Menschen, die jetzt in Thornbury arbeiten und mich gebeten hatten, zu ihnen über die Zeit zu sprechen, in der wir leben.[4] Ich habe den Eindruck, dass es heute nicht möglich ist, über irgendetwas zu sprechen, ohne an die Ereignisse und Erscheinungen unserer Zeit anzuknüpfen, obwohl ich nicht glaube, dass sehr viele Menschen wirklich bemerken, was vor sich geht oder was tatsächlich auf uns zukommt.[5] Natürlich fällt es einem schwer, immerzu das ins Auge zu fassen, mit dem man ständig konfrontiert wird, jedoch sollte man sich ab und zu die außergewöhnliche Situation, in der wir leben, vergegenwärtigen. Rudolf Steiner wies schon vor einigen Jahren auf diese Notwendigkeit hin. Immer wieder versuchte er, die Aufmerksamkeit seiner Zuhörer auf die schicksalshaften Jahre zu lenken, die ihnen bevorstanden, doch gab es weder Ohren, die hörten, noch Augen, die sahen. Deshalb haben sich die Dinge in einer Weise entwickelt, die wahrscheinlich die Erwartungen von Rudolf Steiner selbst weit übertrafen.

Man hat den Eindruck, dass die Ereignisse schneller vorangeschritten sind, als aus einer geistigen Perspektive erwartet, und dass jetzt schon Dinge geschehen, die vielleicht in zehn, zwanzig oder dreißig Jahren hätten geschehen sollen. Je mehr wir über die Schwelle unseres eigenen begrenzten Daseins hinausschauen, desto mehr erstaunt und überwältigt sind wir.

Glauben Sie nicht, dass ich versuche, Ihnen Angst zu machen. Die, die nicht willens sind zu sehen, werden nie sehen; die, die nicht willens sind zu hören, werden nie hören. Wenn ich all diese Dinge sage, dann tue ich dies nur, um sie mir selbst deutlich zu machen und nicht, um andere zu überzeugen. Denn man muss die Tatsache akzeptieren, dass die menschliche Natur heute für die Wahrheit tauber ist als jemals zuvor, und dass es natürlich ist (natürlich, aber nicht menschlich), dass jeder versucht, seinen eigenen Angelegenheiten hinterherzukommen, anstatt seine Kraft in diese scheinbar schon verlorene geistige Schlacht zu stecken.

Als ich den jungen Freunden in Thornbury bestimmte Ereignisse unserer Zeit verdeutlichen wollte, empfand ich es notwendig zu sagen, dass unsere Zeit mit anderen Epochen verglichen werden kann. Unsere Zeit ist von der Perspektive aus, die uns jetzt beschäftigt, nicht die allererste. Wenn wir in der menschlichen Entwicklung zurückschauen, gab es andere Zeiten in der Geschichte, Zeiten menschlichen Daseins, in denen die Menschheit mit mehr oder weniger ähnlichen Situationen konfrontiert war. Zum Beispiel war in der vierten atlantischen Epoche – zu der Zeit, als das turanische Volk die Menschheit anführte – ein ganzer Kontinent in Gefahr, zerstört zu werden, da wurden sozusagen gewisse Kräfte freigesetzt, die bis dahin nur einer kleinen Gruppe von Eingeweihten bekannt waren. Anstatt dass diese Kräfte jedoch zu einem guten Zweck eingesetzt wurden, wurden sie missbraucht. Wir müssen uns vorstellen, dass zu dieser Zeit die Kräfte, die in lebendigen Pflanzensamen verborgen sind, für Menschen verfügbar waren und dass die atlantischen Völker (die zweite, dritte und dann auch die vierte atlantische Epoche) durch ihre Einweihung imstande waren, solche Samen zu nutzen, vor allem solche Samen, die wir heute als Leguminosen bezeichnen: Bohnen und Erbsen; sie sahen nicht aus wie heutzutage, aber sie stammten aus derselben Familie. Die Lebenskräfte dieser Samen konnten extrahiert und zum Beispiel zum Antrieb von Flugmaschinen oder anderen für diese Menschen nützlichen Maschinen genutzt werden.

Diese Kräfte wurden missbraucht und ab diesem Zeitpunkt wirkte eine Art verborgene Zerstörung in der ganzen atlantischen Bevölkerung und führte schließlich zu dem, was wir heute als Sintflut kennen und zur Zerstörung dieses ganzen riesigen Kontinents. Wenn man Rudolf Steiners Schilderungen des Missbrauchs dieser Lebenskräfte sorgfältig liest, findet man etwas, das – für mich – von großer Bedeutung ist. Er sagt, dass diese missbrauchten Kräfte so geleitet wurden, dass ihre destruktiven Kräfte sich gegenseitig behinderten – sie arbeiteten gegeneinander – und dadurch wurde weniger Schaden angerichtet, als das sonst der Fall gewesen wäre. So wie Minus und Minus Plus ergibt, ließ dieser Missbrauch sozusagen noch gewisse Wege offen, sodass die fünfte, sechste und siebte atlantische Epoche folgen konnten. Zerstörung trat nicht sofort ein.

Ein anderer Zeitraum – wir können uns nur durch ein bildhaftes Denken eine Vorstellung davon machen – ist die Zeit, die im Buch Genesis als der Bau des Turmes zu Babel beschrieben ist, wo zum ersten Mal Ziegelsteine am Bau eingeführt wurden. Die ersten Ziegelsteine wurden ungefähr aus der Zeit 3000 v. Chr. gefunden. Davor bauten die Menschen ihre Häuser auf eine ganz andere Art. Dann wurden plötzlich Ziegelsteine von der Menschheit verwendet. Mit diesen Ziegelsteinen wollten die Menschen selbstverständlich gleich kräftig weitermachen und natürlich wieder – auch wenn es wiederum zwar natürlich aber nicht wirklich menschengemäß war – so hoch wie möglich bauen, um den Geist zu erreichen, der sich von ihnen zurückgezogen hatte.

Der Geist hatte sich von ihnen zurückgezogen, weil nur ein paar Jahre zuvor (und ich meine wirklich ein paar Jahre, nicht einmal ein Jahrhundert zuvor) das sogenannte Kali Yuga begonnen hatte. Der Beginn des Kali Yuga war nicht die Zerstörung eines Kontinents. Rudolf Steiner beschreibt das so, dass er sagte, es dauerte nur ein paar Tage, vielleicht ein paar Wochen, aber in dieser Zeit war das menschliche Bewusstsein verdunkelt oder verhüllt worden; die Menschen schliefen ein und nur wenige konnten wieder aufwachen. Die, die aufwachten, fanden sich in einer gänzlich neuen Lebenssituation wieder, da sich die geistige Welt, die sie vor dieser inneren Flut wahrnehmen konnten, schrittweise zurückzog. Man sollte versuchen sich vorzustellen, was es bedeutete, dass der Teil der Menschheit, der die Zivilisation anführte, im Jahre 3101 v. Chr. durch diese «Flut» überwältigt wurde, die das Bewusstsein von der geistigen Welt verdunkelte. Das betraf die Länder des Nahen Ostens – Babylonien, Assyrien, Persien, Sumer, die ganze Levante und Kleinasien (die heutige Ost-Türkei). Und als die Menschen aufwachten, war die geistige Welt verschwunden.

Zu dieser Zeit kam die Erfindung der Ziegelsteine auf, die benutzt wurden, um Häuser, Herd und Heim zu bauen. Man kann sich kaum vorstellen, was in diesen wenigen Wochen vor sich ging. Wenn wir beispielsweise anschauen, dass zu dieser Zeit eine Planetenkonstellation herrschte, die erst 1939 zu Beginn des Zweiten Weltkrieges wieder auftrat, dann verstehen wir vielleicht, wie eng unsere Zeit nach dem Ende des Kali Yuga, mit dem verknüpft ist, was damals der Anfang des Kali Yuga war.[6] Wir sollten diese Dinge nicht nur wissen, wir sollten versuchen, sie zu erleben; das ist heutzutage so notwendig.

Ist es möglich, dass wir unsere Zeit sozusagen mit nur einer einzigen Idee charakterisieren oder ist es nötig, dass wir von überall Details zusammenzutragen, um zu beschreiben, mit was die Menschheit heute konfrontiert wird? Tausende Bücher wurden seit dem Ende des neunzehnten Jahrhunderts geschrieben, seit dem Ende des Kali Yuga, als ob das Ende des Kali Yuga den Geist und die Seele der Menschen angespornt hätte, die Antwort zu finden. Die meisten dieser Bücher enthalten viele negative Aussagen über das, mit dem die Menschheit heute konfrontiert ist. Philosophen, Wissenschaftler und Denker haben in so vielen Büchern und aus so vielen Blickrichtungen versucht, das heutige menschliche Dasein zu beschreiben. Natürlich betrachtet jeder von ihnen das heutige Geschehen von einem ganz speziellen Blickwinkel aus. Ich lasse diejenigen außer Acht, die unser Zeitalter aus Engstirnigkeit lobpreisen, ich spreche nur von denen, die wirklich versuchen zu verstehen, was mit ihnen und ihren Zeitgenossen passiert. Dennoch habe ich den Eindruck, dass man unsere Zeit viel kürzer, präziser und klarer beschreiben könnte, wenn man auf eine Besonderheit schaut. Und wenn wir diese eine Sache verstehen, verstehen wir mehr oder weniger, was uns in den verschiedenen Facetten entgegentritt. Ich würde es so ausdrücken: Der Wert des Menschen, der Wert der Dinge, der Wert des Lebens ist verloren gegangen. Das ist vielleicht einfach zu sagen; es ist jedoch viel schwieriger, es zu verstehen. Wenn wir versuchen, diesen einen Begriff zu verstehen: Die Abwertung – den Verlust des Wertes –, das ist die charakteristische Signatur unserer Zeit. Ich denke, das ist die Essenz dessen, was tatsächlich in dieser Zeit vor sich geht.

Viele Menschen, die ernsthaft versuchen unsere Zeit zu verstehen, fragen sich, wie es möglich ist, dass im zwanzigsten Jahrhundert zehntausende Menschen auf eine Weise umgebracht wurden, die für normale menschliche Maßstäbe unbegreiflich ist. Man möchte nicht gerne wieder daran denken und schon gar nicht daran erinnert werden, dass hunderttausende Bürger ohne zu Zögern in Gaskammern und Krematorien geschaufelt wurden. Hunderttausende Menschenleben wurden durch eine einzige Spritze in den Tod gesandt, aus dem einfachen Grund, dass sie als wertlos angesehen wurden, da sie entweder zu krank, zu alt oder zu geistesgestört waren, um zu funktionieren. Hunderttausende Menschen wurden einfach, weil sie als zu einer «anderen» Rasse zugehörig eingestuft wurden, hingerichtet. Das war keine Schlacht. Das war kein Krieg. Das war nicht Kämpfen. Es war reiner Mord. Liebe Freunde, dies aus unseren Gedanken zu vertreiben und es nicht mehr im Gedächtnis zu tragen, sich zu weigern es zu verstehen, indem man sich davon abwendet, ist ein Verbrechen: Dasselbe Verbrechen, das durch diejenigen begangen wurde, die die Morde verübt haben.[7]

Was noch schlimmer ist, ist dass es noch immer weiter geht – im Osten, Westen, Süden und Norden. Wir wissen, dass heute in Algerien Gefangene in genau der gleichen Weise behandelt werden wie die Nazis ihre Gefangenen behandelt haben. Die Russen machen ähnliche Dinge und wahrscheinlich passiert überall auf der Welt immer noch das Gleiche. Dies kann nur verstanden werden, wenn wir die Worte ernst nehmen, dass der Mensch wertlos geworden ist – dass dem menschlichen Dasein kein Wert mehr beigemessen wird. Mit einem Gedanken, auf einen Punkt gebracht oder mit einer Signatur: Das Leben einer Person kann ausgelöscht werden. Das war zuvor nie möglich, da die menschlichen Empfindungen und Gefühle viel stärker waren. Auseinandersetzungen in Familien oder Sippen wurden ausgefochten, Menschen brachten sich gegenseitig um, aber es war sozusagen ein ehrlicher Kampf. Nun ist die Schutthalde einer zerfallenden Zivilisation zum Grab von Millionen geworden.

Etwas Ähnliches passiert auf allen Ebenen. Amerika und alle englischsprachigen Länder – die ganze anglo-amerikanische Welt – beabsichtigt beispielsweise alle Dinge des täglichen Bedarfs zu entwerten, seien es Stühle, Tische, Betten, Unterwäsche, Anzüge oder Taschentücher. All diese Dinge sind wertlos geworden. Uns wird heutzutage sogar gesagt, dass es immer wichtiger wird, diesen Dingen keinen Wert beizumessen, sondern sie zu benützen und sie so schnell wie möglich wegzuwerfen, denn je größer die Nachfrage nach Konsumgütern, desto mehr Menschen finden Arbeit und Beschäftigung. Je mehr wir also zerstören, desto besser dienen wir der Gesellschaft. Demnach sind unsere Häuser so gebaut, dass sie bald verfallen, unsere Anzüge werden so schnell wie möglich zu Lumpen, um die Produktion anzukurbeln. In Amerika können beispielsweise T-Shirts und Unterwäsche als «Einwegartikel» gekauft werden, die nur einmal benützt und dann weggeworfen werden. Der Wert der *Dinge* wurde auf Null reduziert.

Nicht nur der Wert der Alltagsgegenstände ist verloren gegangen. Der Wert des ganzen Daseins ist verloren gegangen. Das kann man klar sehen in allem, was sich seit dem Anfang des neunzehnten Jahrhunderts entwickelt hat, als Zeitungen aufkamen, als jedes Ereignis, jedes Detail festgehalten wurde. Wir fangen nun an, die Rolle zu verstehen, die heute sowohl Zeitungen als auch Radio und Fernsehen spielen. Langsam beginne ich zu verstehen, was das Lied bedeutete, das in Wien gesungen wurde, als wir jung waren, welches mit den Worten begann «Am Anfang war die Presse» und danach wurde die Welt erschaffen. Alles, was heute passiert, passiert ohne Wert, weil es im Bild festgehalten, berichtet und von seinem eigentlichen Wert entkleidet wird. Was bedeutet das? Was bedeutet es, dass wir in einer Welt leben, in der der Wert des Menschen, der Dinge und des Lebens verschwunden sind?

Wenn Sie mit offenen Augen durch ein Völkerkundemuseum laufen oder durch eine Ausstellung von Gegenständen der Aborigines und dabei die Kunst vergangener Zeiten außer Acht lassen, aber auf die Alltagsgegenstände schauen, die die Ägypter oder Sumerer benutzten oder die Dinge, die auch heute noch von manchen ursprünglichen Völkern verwendet werden, bei denen noch keine moderne Zivilisation eingedrungen ist, wenn Sie ihre Töpfe und Pfannen, ihre Betten und Stühle, ihre Webarbeiten und Wandteppiche anschauen, werden Sie plötzlich feststellen, dass diese Dinge nicht wertlos, sondern voller Wert sind. Dies sind Dinge, die immer wieder von Vater zu Sohn weitergegeben werden. Sie werden durch den Einfluss jedes Einzelnen mit der Familiengeschichte durchtränkt. Zum Beispiel kann man dort sehen, dass jede Hütte Bedeutung hat, egal wie einfach sie gebaut sein mag.

In früheren Zeiten wurden Menschen nie ohne eine große Anzahl von Alltagsgegenständen begraben – ein paar Weizen- oder Reiskörner wurden der verstorbenen Person in die Hände gelegt, ganz spezielle Kleidung umhüllte den Körper, wenn er in den Sarg oder das Grab gelegt wurde. Beispielsweise wurden nicht nur sein Schwert, Speer und Schild um einen Mann gelegt, um seinen Weg ins Reich der Toten zu beschützen, sondern manchmal (z. B. für einen großen König) ein paar seiner Diener geopfert und auch für sie wurden Alltagsgegenstände beigelegt. All das wurde getan, weil dem Menschen Wert beigemessen wurde, den Dingen Wert beigemessen wurde, dem Dasein Wert beigemessen wurde.

Was bedeutet es nun wirklich, wenn wir uns all diese Dinge genauer anschauen und bemerken, dass sie geschätzt wurden, während heute alles um uns herum entwertet ist? Ich kann nur ein Wort benützen, um zu veranschaulichen, was ich meine: Die Dinge sind heute *nackt* geworden. Ein nackter Stuhl, ein nacktes Haus, ein nacktes Bett, eine nackte Person, eine nackte Küche, ein nacktes Dasein. Ist nicht jeder von uns von jeglichem Wert entkleidet, von der Privatsphäre, vom Dasein, wenn wir einem modernen Arzt, Psychologen oder Psychoanalytiker gegenüberstehen? Alle, die immerzu versuchen, das menschliche Dasein zu entkleiden, um herauszufinden, welche Art von Gefühlen, Emotionen, Wahrnehmungen in dieser speziellen Person leben; sie durchbohren und dennoch nichts herausfinden. Es ist ein grauenvolles Entblößen und Wegreißen aller Hüllen des Menschen. Das ist es, was mit unserem Dasein passiert. Was auch immer geschieht, auch wenn es nur ein kleines bisschen von der Masse abweicht, es wird aufgezeichnet. Plötzlich können Sie über sich selbst in der Zeitung lesen – wo Sie letzte Nacht gewesen sind, wo Sie morgen hingehen werden; folglich ist es Tausenden von Menschen nahezu unmöglich, ihr Privatleben zu leben ohne fotografiert oder gefilmt zu werden. Das ist Nacktheit; alles und jeder ist entblößt, entkleidet in dieser nackten Welt, in der wir leben müssen – diese Welt, die auch nicht mehr bekleidet ist. Die Frage ist, können wir sie wieder bekleiden, und was bedeutet es, dass die Welt nackt ist?

Für mich gibt es hierauf nur eine Antwort. Wir haben den Geist verloren; alles und jeder, unser ganzes Leben wurde vom Geist entkleidet und ist dadurch wertlos geworden. Das ist eine sehr gravierende Aussage. Was bedeutet es, wenn wir sagen, das Leben ist geistlos? Das ist natürlich nur ein ganz allgemeiner Hinweis und wir können mit einer solchen Verallgemeinerung zunächst nichts anfangen. Wir können uns natürlich damit zufriedengeben, einfach zuzustimmen, dass es der Mangel an Geist ist. Aber was genau hat sich zurückgezogen? Welche Teile der geistigen Welt sind verschwunden, sodass wir nackt und bloß zurückgeblieben sind in unserem menschlichen Dasein? Wieder scheint es nur eine mögliche Antwort zu geben – eine Antwort, die die Wahrheit der Aussage bereits in sich trägt –, dass sich die Menschheit auf Erden selbst nicht mehr verbunden fühlt mit dem anderen Teil der Menschheit, der nicht auf der Erde ist.

Heutzutage sind die Ungeborenen und die Verstorbenen von uns getrennt. Die Menschheit ist in zwei Teile geteilt – ein Teil, der auf der Erde ist und der andere, der in ihrem Bewusstsein nicht mehr existiert. Diese beiden Teile würden den Kreis des menschlichen Daseins schließen. Und weil wir nicht daran denken oder glauben oder auf diesen viel größeren Teil der Menschheit zählen, ist alles wertlos geworden.

In früheren Gesellschaften wurde das Haus nicht nur von denen bewohnt, die zwischen Geburt und Tod leben, sondern auch von den bereits gestorbenen Vorfahren. Im japanischen Schintoismus wird der Schrein der Vorfahren immer noch ins Zentrum der lebenden Familie gestellt. Die Großväter und Großmütter, die Ururururgroßeltern leben alle in der Familie, essen aus denselben Tellern und Pfannen, sitzen um den Herd und leiten den Menschen in seiner Arbeit. Sie begleiten die Kinder in die Welt und so ist das ganze Reich des Daseins – physisches und geistiges – vereint. Dies ist für uns nicht mehr so. Wir wurden sozusagen in diese Welt geschoben und das Tor wurde hinter uns geschlossen. Und an diesem Punkt haben sich die Kräfte des Denkens entwickelt. Dies musste so sein, ansonsten wäre eine Entwicklung des

Selbstbewusstseins nahezu unmöglich gewesen, aber der Preis, den wir zahlen mussten, um die Leere des Selbstbewusstseins auszubilden, ist die Nacktheit unseres Daseins, die Wertlosigkeit des menschlichen Daseins, die abgewerteten und nackten Dinge um uns herum.

Liebe Freunde, genau das müssen wir überwinden. Ein kleiner Kern von Menschen muss schrittweise versuchen, sozusagen wieder eine Rückkehr ins Jahr 3101 v. Chr. herbeizuführen und eine Gesellschaft bilden (ich meine keine große), in der ein Spaten wieder ein Spaten, Arbeit wieder Arbeit und Wert wieder Wert ist. Das gelingt nicht, indem man nur schöne Formen schafft oder indem man Dinge formt, die schön anzusehen sind, es kann nur erreicht werden, indem man solche Formen schafft, die denjenigen helfen, die sich zwischen Geburt und Tod durchs Leben kämpfen, wieder bewusst mit den Verstorbenen leben zu können. Wir müssen immer mehr Bilder und Ideen entwickeln, an denen die Verstorbenen teilhaben können. Als Antwort auf die Frage «Welche Sprache können die Verstorbenen verstehen?» sagte Rudolf Steiner einmal sehr deutlich, dass die Sprache der Anthroposophie die einzige ist, die die Verstorbenen verstehen können.[8] Rudolf Steiner warnte zudem:

> Die sprechen nicht englisch, die sprechen nicht deutsch, nicht russisch, die sprechen so, dass es nur Seele und Herz verstehen kann, ...[9]

Wir müssen nicht nur lernen, die Sprache der Verstorbenen zu sprechen, wir müssen auch lernen, Bilder zu entwickeln, die wir mit den Verstorbenen teilen können, denn nur so wird diese Mauer aus Gedanken, die mehr oder weniger die Welt der Lebenden von der Welt der Toten trennt, durchdrungen werden. Wenn wir gestorben sind und zurückschauen auf diesen Erdball – oder auch, wenn wir noch nicht geboren sind und herunterkommen und diese Erde umkreisen –, zeigt sie uns eine ganz spezielle Erscheinung; da erscheint die östliche Hälfte der Weltkugel (z. B. Asien) blau und violett, die westliche Hälfte erscheint hingegen rot und orange. So erscheinen alle Teile Amerikas und der Atlantische Ozean bis hin zu den westlichen Teilen Europas rot und orange.

Dazwischen ist ein helles Grün, das sich entlang Europa bis einschließlich Griechenland erstreckt. Für die Verstorbenen erscheint im Heiligen Land etwas wie ein goldener Kristall. Ein solches Bild zu teilen ist wichtig; beispielsweise, dass der östliche Teil des Erdballs durch den Lichtschein um ihn herum sozusagen mit seiner Dunkelheit aufleuchtet und deshalb blau erscheint, während der westliche Teil sein inneres Licht durch eine dunkle Hülle hindurchstrahlt und dadurch gelblich, orange, rot erscheint. Und dazwischen ist die vermittelnde Farbe grün.[10] Solch ein Bild nach oben zu tragen und es den Verstorbenen anzubieten, um es mit ihnen ohne jegliche intellektuelle Erklärung zu teilen, ist von äußerster Bedeutung. Oder beispielsweise zu wissen, dass der Ätherleib aufsteigt, wenn die Verstorbenen ihren physischen Leib abgelegt haben, und aus dem Ätherleib auch alle Erinnerungen und Erfahrungen des vergangenen Lebens aufsteigen. Danach legen sie ihren Astralleib nicht wirklich ab, sondern weiten ihn und er strömt in den ganzen Kosmos aus. Das ist ein Bild – ein Wahrbild – der Realität. Um das Ich- und Selbstbewusstsein nach dem Tod aufrechtzuerhalten, tritt gleichzeitig der Engel viel näher an das «Ich» heran, der Engel durchdringt das «Ich» und die Seele und dadurch entwickelt jeder Mensch nach dem Tode ein gewisses Maß an Bewusstsein für die Ereignisse in der geistigen Welt, auch wenn es eine Art Traumbewusstsein ist. Mit diesem Engel vereinigen sich nun weitere Engel, dann durchdringen Erzengel unser Sein, um unser Bewusstsein anzuheben und wir «erwachen» sozusagen.

Durch die Kraft dieser Einflüsse entwickeln wir ganz neue Organe, die uns in unserem Leben zwischen Tod und Wiedergeburt leiten. So führen sie uns zu dem, was Rudolf Steiner als Geistmenschen, Lebensgeist und Geistselbst beschrieben hat. Wenn wir uns dies vorstellen und versuchen zu lernen und zu verstehen, was Rudolf Steiner uns geben wollte, dann werden wir nach und nach verstehen, dass aus dem Samen des Erdendaseins, aus dem Blattwerk der sich entfaltenden Erinnerungen die Blüte des Geistmenschen erwächst, die die Blütenblätter entfaltet, darin die beiden anderen Organe Lebensgeist und Geistselbst. Und in dieser sich entfaltenden Blüte entwickeln sich die Fähigkeiten der Imagination, Inspiration und Intuition.

Dies sind die Kräfte, die uns durch die Welt zwischen Tod und Wiedergeburt führen. In der Intuition führt uns das Geistselbst mehr und mehr unserem neuen Leben entgegen. Wir müssen lernen, dass die Menschen früher einmal, sozusagen vor dem Abgrund des Kali Yuga – und in manchen von der «Zivilisation» unberührten Völkern noch heute –, immer noch die Verstorbenen schauen und dadurch all dies erfahren konnten. Wir müssen anders schauen lernen, um wieder Wert in unser Dasein zu bringen. Wir müssen auf all die schauen, die gerade geboren werden – nicht nur auf ihre Körper, sondern wir müssen wissen, dass sie vom Geist kommen und ihren Platz in dieser Welt einnehmen müssen und dass wir sie nun hier entsprechend empfangen müssen. Nur so können die Dinge wieder eingekleidet werden und dadurch ihren Wert zurückgewinnen. Es gibt einen Vortrag, den Steiner 1916 gehalten hat, in dem er sagt, dass die Ereignisse unserer Zeit in eine Richtung gehen, dass nicht lange nach dem Jahr 2000 Anweisungen aus Amerika, vom Westen her kommen, um die Fähigkeit zum individuellen Denken auszulöschen; er sagt, dass sich hingegen im Osten – und ich denke, er meint damit Russland – etwas entwickeln wird, das er nur als Pietätlosigkeit gegenüber dem ungeborenen Kind beschreiben kann.[11] Ich denke, es lohnt sich zu versuchen sich vorzustellen, dass zur gleichen Zeit etwas vom Westen und etwas vom Osten kommen wird, was Rudolf Steiner um das Jahr 2000 erwartete, was aber wahrscheinlich aufgrund der Ereignisse der letzten zwanzig Jahre viel früher geschehen wird. Wenn wir uns diese beiden Gefahren für unsere Zeit vorstellen können, werden wir verstehen, warum es heute für uns – zumindest für ein paar von uns – so nötig ist, sich bewusst zu werden, wie wichtig es ist, ein Mensch zu bleiben – oder abermals zu werden.

Ich denke nicht, dass ich momentan noch mehr hinzufügen sollte, aber in dieser Fastenzeit können wir alle davon profitieren, wenn wir unsere Gedanken auf die Ganzheit der Menschheit richten und in Betracht ziehen, dass Geburt und Tod nur Tore sind. Wir müssen erkennen, dass der größere Teil der Menschheit jenseits dieser Tore existiert und dass wir eigentlich mit ihnen eins sind. Wir müssen uns mit ihnen verbinden, um das bewirken zu können, was so dringend getan werden muss.

2. Brücken zu den Verstorbenen

Sonntag, 23. März 1958

Letzten Sonntag haben wir betrachtet, was sich hinter vielen Ereignissen verbirgt, die sich heute zutragen. Wir haben entdeckt, dass diese Erscheinungen ganz einfach beschrieben werden können, indem man sagt, dass Werte verloren gegangen sind: Der Wert der Dinge, des Daseins und des Menschen wurde auf Null reduziert. Als wir uns genauer angeschaut haben, was es bedeutet, dass diese Werte verloren gegangen sind, haben wir entdeckt, dass es Nacktheit und Blöße bedeutet. Alles ist nackt geworden, es wurde entwertet – es liegt sozusagen ohne jegliche Form von Schutz vor jedem und allem und wurde dadurch wertlos. Als wir nach dem Grund hierfür gesucht haben, haben wir ihn darin gefunden, dass die Menschheit vergessen hat, dass das Leben auf der Erde nur ein Teil eines großen Ganzen ist. Es gibt eine große Schar derer, die zwischen Tod und Wiedergeburt leben, und weil wir vom anderen oder besseren Teil unseres Daseins abgeschnitten sind, sind wir in die Nacktheit getrieben worden, zu einem Dasein ohne jeglichen Wert. Eines der dringendsten Ziele unserer Zeit ist es, wieder eine Brücke zu bauen, die uns in dieses Land zurückführt, wo wir die Verstorbenen treffen und uns mit ihnen verbinden können, sodass sie uns und alles, was hier auf

Erden existiert, mit schützender Kleidung und Hülle umgeben können. Sehr viele Dinge, die heute passieren, können nur verstanden werden, wenn wir lernen, dieses Wissen in unsere Herzen aufzunehmen.

Vor nicht allzu langer Zeit – ich glaube erst vor ein paar Monaten – wurde ein Buch publiziert, das von sehr interessanter Forschung berichtet, die 1955 und 1956 auf der Osterinsel durchgeführt wurde. Kein Unbekannter hat das Buch geschrieben, sondern der berühmte Thor Heyerdahl, Leiter der berühmten Kon-Tiki-Expedition vor ein paar Jahren.[12] Ein solches Buch ist aufgrund seines Beitrags zum Allgemeinwissen der Menschheit faszinierend. Dennoch ist man entsetzt, in welcher Weise das Unverständnis, der intellektuelle Stolz und die Unfähigkeit mit dem Geistigen in Kontakt zu treten über diese so wohlmeinenden, gutherzigen Europäer herrschten, die eine solche Expedition durchführten. Warum? Weil für sie natürlich diese Welt, über die ich sprach, der größere Teil der Menschheit jenseits der Schwelle des Lebens, nicht existiert.

Ich würde gerne auf einige Details eingehen, die erklären können, was ich versuche zu beschreiben. Die Insel wird Osterinsel genannt, weil sie an einem Ostersonntag von holländischen Seefahrern entdeckt wurde, die dort im Jahre 1722 versehentlich gelandet sind. Seit jenem Tag war diese sehr seltsame Insel von besonderem Interesse für diejenigen, die die Geschichte und Entwicklung der Menschheit erforschen, weil dort bestimmte Dinge gefunden wurden, die sonst nirgendwo auf der Welt existieren.

Im Britischen Museum in London steht eine riesige, ungefähr sechs Meter hohe Basaltfigur. Sie ist eine von mehreren Hundert solcher Figuren, die auf der Osterinsel zu finden sind. Merkwürdig gestaltet, mit sehr seltsamen Gesichtszügen, sehr seltsam geformten Köpfen stehen sie auf den Klippen an der Küste der Insel. Sie blicken nicht zum Pazifischen Ozean, sondern herein auf die Insel. Keiner weiß, wie sie erschaffen wurden und niemand kann überhaupt verstehen, wie diese Figuren ohne jegliche Maschinerie mehrere Kilometer weit transportiert und

Stich eines europäischen Entdeckers auf der Osterinsel

aufgerichtet werden konnten. Zudem trägt jede dieser Figuren einen Helm – ungefähr so schwer wie zwei Elefanten, den sie auf ihrem Kopf balanciert.

Nach diesem holländischen Schiff besuchten auch einige andere Schiffe die Osterinsel mit der Folge, dass die ursprüngliche Bevölkerung immer mehr ausstarb, bis zu Beginn des zwanzigsten Jahrhunderts nicht mehr als hundert dieser Menschen übrig waren, heute leben dort noch ungefähr tausend. Die meisten Figuren sind eingestürzt. Trotz der zahlreichen Expeditionen wurde das Rätsel dieser Figuren nicht gelöst.

Heyderdahl – der erste Europäer, der das versuchte – fand etwas anderes heraus. Die Einheimischen können sich immer noch erinnern, was ihre Väter dachten, was ihre Großväter taten und was ihre Urgroßväter erlebten. Der Strom der Familiengeschichte läuft immer noch durch ihre Adern und ihr Bewusstsein ist ein ganz anderes als unser heutiges. Auf dieser Insel – manche der vorigen Forscher haben dies bereits entdeckt – gibt es viele Höhlen, die alle vollkommen leer sind. Bis jetzt hat außer ein paar tierischen und menschlichen Knochen niemand etwas in ihnen gefunden. Aber eines Nachts, als Heyderdahl beinahe eingeschlafen war, kratzte etwas an seiner Zeltwand und als er herauskam, stand dort einer der Einheimischen mit einer Tasche in der Hand und sagte zu Heyderdahl: «Meine Frau schickt dir diese», und übergab ihm ein paar Figuren aus Stein, die Heyderdahl nie zuvor gesehen hatte. Es waren seltsame Formen, schön geschnitzt, von bärtigen Männern, Elefanten, Walen; seltsame tierische und menschliche Formen, manche groß und manche klein. Als Heyderdahl den Einheimischen fragte, woher sie stammten, gab der Mann keine Antwort.

Es kostete Heyderdahl Wochen der List, Forschung, Überredungskunst und Lüge, um einen ersten Hinweis zu bekommen, was sie darstellten, aber schließlich war er der erste Europäer, der herausfand, dass jede Familie auf der Osterinsel (zumindest die wichtigeren Familien, die jetzt zum größten Teil die Insel bewohnen) ein, zwei oder sogar drei Höhlen besitzt, die nur die Familie kennt. Nur ein Mitglied der Familie, gewöhnlich der Vater, kennt die Eingänge zu diesen Höhlen und bevor der Vater stirbt, gibt er das Geheimnis seinem ältesten Sohn oder seiner ältesten Tochter weiter. Diese Höhlen sind der wichtigste Schatz, den die Familie besitzt. Jahrhundertelang lagen diese Figuren darin, von denen ein paar in den Besitz von Heyderdahl gelangt waren. Die Vorfahren einiger Generationen zuvor hatten diese Figuren gefertigt.

Jetzt stellen Sie sich vor, was dann folgte. Alle Einheimischen waren Christen geworden. Die letzten zwanzig oder dreißig Jahre lebte ein wunderbarer alter römisch-katholischer Priester auf dieser Insel und obwohl er sein ganzes Leben damit verbracht hatte, die Insel zu verstehen, hat ihm kein Einziger seiner Gemeinde je irgendetwas über diese Höhlen erzählt. Zunächst hat er Heyerdahl nicht geglaubt, als dieser ihm davon erzählte, weil die Einheimischen sozusagen zwei Leben lebten: Ein äußeres Leben – ein christliches Alltagsleben – und eines, das in den Tiefen ihrer Seelen versteckt blieb. Im Reich ihrer Tiefen lebten sie mit ihren Vorfahren und mit dem Tod. Aus diesem Reich heraus hatten sie diese riesigen Steinfiguren als Bildnis der Verstorbenen gebaut. Diese Höhlen sind nichts anderes als die Wahrbilder, die Realität und das Rückgrat des moralischen Daseins, aus dem heraus sie leben.

Als Heyderdahl die zwei oder drei, die ihm das Geheimnis offenbart hatten, fragte, warum sie es ihm und niemand anderem gesagt hatten, war die Antwort: «Weil Du einer von uns bist! Es gibt eine alte Legende, die erzählt, dass eines Tages ein Weißer kommen wird, der niemand anderes ist als unser früherer Häuptling und der bist Du!» Natürlich macht sich Heyderdahl in seinem Buch darüber lustig, indem er sagt, wie er sich darüber freue und wie viel Glück er habe, dass dies möglich war, aber er zog nicht in Betracht, dass es vielleicht wahr sein könnte. Er zieht nicht in Betracht, dass er die Osterinsel vielleicht nie gefunden hätte, und auch nicht die Strömung, die ihn auf seinem Floß weg von Südamerika nach Polynesien trieb, wenn er nicht vor langer Zeit einmal einer derer gewesen wäre, die immer noch die Osterinsel bewohnen.

Wir sollten solche Dinge ernsthaft in Betracht ziehen. Wir sollten lernen, die Beziehung zu den Verstorbenen in einem neuen Licht zu sehen, sonst wird kein Verständnis aufkommen, weder für die gewöhnlichen noch für die außergewöhnlichen Ereignisse, denen wir immer wieder begegnen. Es ist heute so wichtig, sich zu fragen, wie wir eine Brücke in das Land der Verstorbenen bauen können – was ist die Substanz für diese Brücke –, wie können wir sie vielleicht bauen? Es gibt nur eine Antwort. Wir haben keine andere Brücke, kein Mittel, um das Land, in dem sie leben, zu erreichen, außer unsere Denkkraft. Die Antwort liegt in unserem Denken. Nur wenn wir beginnen, dies ernst zu nehmen und es nicht nur wissen, sondern es niederschreiben und es dadurch verinnerlichen, wird es in uns lebendig. Wenn wir Tag für Tag lernen, uns selbst zu sagen, dass es im Denken liegt, in unserer Denkkraft, die es uns ermöglicht, eine Brücke über den Fluss Lethe zu bauen, den klassischen Fluss des Vergessens, und sie in unseren Gedanken überqueren. Nur dann beginnen wir wirklich mit dem einen Anfang zu machen, was für unsere Zeit so wichtig ist.

Unsere Gedanken, unsere gewöhnlichen Gedanken, können immer nur ausgedrückt werden, wenn sie in Sprache gekleidet werden. Wir müssen lernen, die Sprache umzuwandeln, um die Verstorbenen zu erreichen. Wenn wir glauben, dass unsere gewöhnliche Sprache von denen jenseits der Schwelle verstanden wird, liegen wir falsch, weil unsere Sprache etwas Nationales ist. Wir sprechen entweder Deutsch, Englisch, Französisch oder welche Sprache auch immer, aber die, die gestorben sind, sind weder Franzosen noch Deutsche, auch nicht Amerikaner oder Russen, sie sind einfach Menschen. Wir sollten erkennen, dass es jenseits der Schwelle keine Nationalität gibt, dass wir die Verstorbenen mit englischen, deutschen oder russischen Worten nicht erreichen können. Wir sollten es zu unserer Überzeugung werden lassen, die durch unser gesamtes Dasein pulsiert, dass in diesem Teil der Menschheit, dem Teil jenseits der Schwelle, keine Norweger, keine Dänen, keine Italiener, keine Spanier sind, dort sind nur Menschen. In unserer Landessprache ist es uns kaum möglich, sie zu erreichen. In unserer Alltagssprache ist es uns kaum möglich, uns verständlich zu machen und – was noch schlimmer ist – sie verstehen zu lassen, was hier auf Erden passiert. Erst wenn wir anfangen, unsere Sprache zu entnationalisieren, unsere Worte zu entmaterialisieren und das Wort wieder zu einem Samen werden lassen, dessen Keim den geistigen Inhalt offenbart, dann werden wir beginnen, einer neuen Verbindung zu den Verstorbenen den Boden zu bereiten. Wenn die Verstorbenen heute auf das Feld der Sprache blicken, wenn sie auf unsere Art zu Denken blicken, wie unsere Gedanken ziellos, farblos umherwandern, erscheint es von oben gesehen, als wäre das Feld unserer Sprache eine steinige Wüste, unfruchtbar, wo nichts wächst. Jeder Versuch, ein Wort wieder zum Leben zu erwecken, einen Samen zum Keimen zu bringen, damit die Pflanze am Ende zu wachsen beginnen kann, wird es den Verstorbenen ermöglichen, an eine solche Blüte heranzukommen und sie zu pflücken, um daraus eine Nachricht von diesem erdigen Boden zu erhalten.

Das ist ein Bild, das wir immer mehr versuchen sollten zu verstehen. Das ist ein Bild, das uns zu Ostern hinführt, da in ihm das Licht des Auferstandenen aufleuchtet, der dann durch den Garten schreiten kann, den die Menschen im Land der Gedanken und der Sprache versuchen zu errichten. Als Rudolf Steiner von der Sprache der Verstorbenen spricht, nennt er unsere Erdensprache eine Art Teppich, der das Land jenseits der Schwelle vor uns auf der Erde Lebenden verdeckt. Er sagt, dass wir erst, wenn wir gestorben sind, beginnen, die Worte aufzudecken, aufzulösen. Wenn wir das schon hier auf Erden tun, sind wir sozusagen im Einklang mit den Verstorbenen; wir arbeiten mit ihnen zusammen, wir reichen unsere Hand zu ihnen hinauf. Wir sprechen nicht einfach mit Begriffen zu ihnen, sondern versuchen, in die verschiedenen versteckten Schichten der Sprache einzutauchen und deren Bedeutung für sie zu offenbaren. Wir können beispielsweise deutlich machen, wie aus kosmischen Gedanken unsere Worte entstanden und wie wir diese Worte auflösen können und versuchen, darin wiederum die kosmischen Gedanken wahrzunehmen. Wir können beispielsweise versuchen wahrzunehmen, dass ein Wort wie «links» oder «rechts» nicht einfach links oder rechts ist, sondern dass «links» auch etwas ist, das link und zwielichtig ist, und dass «rechts» in der Tat etwas ist, das richtig und licht, leicht und gerecht ist.

Wenn das beginnt mit uns zu leben und zu arbeiten, wird unsere Verständigung mit den Verstorbenen möglich werden. Die Verstorbenen verstehen keine abstrakten Worte; Worte wie «Liebe» oder «Freude» oder «Entscheidung» sind nahezu unverständlich für sie. Wenn wir die Sprache wiederbeleben wollen, wenn wir das Denken wiederbeleben wollen, ist es notwendig, ständig in Form von Verben mit ihnen zu sprechen, da die gelebte Aktivität, das Gefühl in den Verben noch enthalten ist. Auf diese Weise gelangt die Sprache nach oben.

Diese Veränderung in unserer Art zu denken, die Notwendigkeit, unsere Denkweise umzugestalten und umzuformen ist so dringend. Wir müssen beispielsweise lernen, ganz neue Gedanken zu haben, da in dem Land, in dem die Verstorbenen leben, alles ganz anders ist. Wenn wir in unserer engen Denkweise verharren, werden wir unser Denken nie soweit entfalten und verjüngen, dass der Garten, von dem ich sprach, tatsächlich verwirklicht werden kann. Wir haben durch die Anthroposophie die Werkzeuge, unsere Denkweise zu verjüngen. Dies ist allerdings nicht etwas, das wir einfach lernen können, sondern etwas, das wir ständig üben müssen.

Wir können beispielsweise versuchen, uns einen Aspekt der Reinkarnation vorzustellen. Wir wissen durch Rudolf Steiner, dass Reinkarnation auf eine solche Weise wirkt, dass aus dem Rumpf des jetzigen Lebens der Kopf des nächsten Lebens geformt wird. Zu dem Kopf wird ein neuer Körper geformt, der mehr oder weniger aus dem Erbstrom kommt. Wieder wird der Körper in den Kopf des folgenden Lebens umgewandelt und ein neuer Körper hinzugefügt.

Ein solches Wissen soll jedoch nicht nur ein abstraktes Wissen bleiben, das wir einfach aufschreiben können wie «Unser Kopf ist das Ergebnis des Körpers unserer letzten Inkarnation». Nichts wird auf diese Weise entstehen; man kann das hundert Mal wiederholen und es wird immer noch nichts bedeuten. Bis man beginnt damit zu ringen, zu verstehen und herauszufinden, *wie* unsere Hände und Finger, unsere Arme und Brust, unser Unterleib, unsere Beine und Füße umgewandelt werden in unser Haupt, wird nichts aus diesem Wissen entstehen. Wir müssen in unserer Vorstellung üben, die langen Knochen der Gliedmaßen zu den runden des Schädels werden zu lassen und wir müssen immer wieder versuchen zu verstehen, dass die Gliedmaßen frei und beweglich sind, während sie im Kopf zusammengewachsen sind, zusammengepackt, ohne die Möglichkeit der Bewegung; alles im Kopf ist umschlossen, zu Ende geformt, verhärtet und verknöchert. In den Gliedmaßen hingegen ist alles frei, beweglich und geht vom Zentrum in die Peripherie.

Solche Bilder können nicht oft genug gedacht oder vorgestellt werden, weil wir dann etwas nach oben tragen, das lebendig wird, wenn wir lernen zu verstehen, dass sich eine Gliedmaße immer weiter in den Umkreis streckt und der Kopf das Ergebnis ist. Er ist sozusagen die Frucht des Körperbaumes und obwohl dieser Baum in Raum und Zeit in eine entfernte Vergangenheit zurückreicht, gehört die Frucht dennoch zu ihm. Der Kopf ist die Frucht, die auf dem Körperbaum reift, wenn auch der Baum in einem Leben wächst und die Frucht im nächsten reift. Aus dieser Frucht beginnt ein neuer Baum zu wachsen und aus diesem Baum wieder eine neue Frucht – eine Frucht, die ich selbst trage, denn es ist mein «Ich», das durch die Inkarnationen schreitet und seinen eigenen Körper erschafft. Die Gestaltung meines Kopfes reicht zurück und ich verstehe immer mehr, was Vergangenheit ist. Meine Gliedmaßen dehnen sich in die Zukunft hinein aus und ich lerne zu verstehen, was es bedeutet, ein Werdender zu sein – dass mit jeder Tat, die ich begehe, die Kopf-Frucht für meine nächste Inkarnation vorbereitet wird.

Es ist lohnenswert sich vorzustellen, was es bedeuten würde, wenn wenigstens ein paar Menschen in dieser Weise über Formen denken würden, die über die gewöhnlichen Grenzen von Raum und Zeit hinaus erschaffen werden. Das sind Gedanken, die die Verstorbenen verstehen können und dadurch könnten sie lernen, dasjenige zu verstehen, was sie hier auf Erden versäumt haben zu verstehen. Wir können die Umgestaltung unseres Denkens fortführen, um den Verstorbenen zu helfen, dann können wir beispielsweise verstehen, dass die Kopf-Frucht, obgleich es die Frucht des Baumes meines Körpers ist, nicht reifen und sich nicht selbst formen könnte, wenn nicht der ganze Kosmos während des Lebens zwischen Tod und Wiedergeburt daran arbeiten würde, ihn sozusagen nach seinem eigenen Bild zu formen. Sodass von allen Richtungen der Himmel, von überall, der Kosmos mit seinen Wesenheiten an der Organisation des Hauptes dieser Seelen-Geist-Wesen, die geboren werden sollen, arbeitet. Und – entschuldigen Sie mich bitte, dass ich es in dieser Weise sage – wir können uns vorstellen, wie immerzu Millionen und Billionen von Häuptern im Kosmos unseres Planetensystems gestaltet werden, wie Tausende von Wesen zusammen mit Millionen von «Ichen» ständig arbeiten, gestalten, die Früchte vorbereiten.

Wir können auch lernen, dass etwas ganz anderes passiert, wenn unsere Brustorganisation gestaltet wird. Diese wird nur durch den halben Kosmos gestaltet, der Teil, der den Osten des Kosmos bildet: Nicht der Osten, den wir als Osten bezeichnen (obwohl er etwas damit zu tun hat), sondern der Teil des Kosmos, der geistig zur Sonne und zum Werdeprozess gehört. Er ist ähnlich dem östlichen Teil der Erde, der den Verstorbenen in blauer Farbe erscheint.

Wir können auch lernen, wie aus den Tiefen der Erde unsere Gliedmaßen geformt werden und wie der Baum – Kopf, Brust und Gliedmaßen vereint werden, um hier auf der Erdoberfläche die menschliche Gestalt zwischen den Höhen des Kosmos und den Tiefen der Erde zu bilden.

Sie sehen, wenn wir zu dem Tor der Geburt sehen und solche Gedanken haben und lebendige Vorstellungen aus ihnen machen, öffnen wir eine Pforte zu den Verstorbenen, die ihnen behilflich ist auf ihrem Weg zu einem neuen Leben auf Erden, wieder in die Erdenrealität hineingeboren zu werden. Wenn wir aber auf den Tod schauen, können wir lernen, dass der Moment des Todes für den, der gerade gestorben ist, ein gänzlich anderes Geschehen ist, als es sich die auf der Erde Lebenden vorstellen.

Wenn wir auf unsere Geburt zurückblicken, schauen wir ins Dunkel – wir haben keine Erinnerung an das Geschehen, wir wissen nur, dass wir irgendwann einmal auf die Welt gekommen sein müssen, sonst wären wir nicht hier; es jedoch zu erinnern, wie das passiert ist, ist kaum jemandem von uns gegeben. Das ist für die, die gestorben sind ganz anders, da der Moment des Todes die lebendigste, die herrlichste Erinnerung ist. Dieser Moment wird im ganzen nachtodlichen Leben nicht vergessen. Es ist der zentrale Moment, auf den wir immerzu zurückblicken, um zu wissen, wie wir unser Dasein lenken müssen. Nach dem

Tod, wenn wir für einige Tage noch unseren Ätherleib besitzen, erfahren wir in diesem Ätherleib die ganze Planetenkonstellation unseres Todeszeitpunktes; diese Planetenkonstellation umgibt uns wie eine riesige Fruchtblase. Dann verlassen wir diese und betreten mit unserem Geist den «Osten», die Sonnensphäre. Man kann manchmal hören – beispielsweise wenn ein Freimaurer gestorben ist –, dass sie «den ewigen Osten betreten haben» – das kommt daher, weil irgendwo noch das Wissen ist, dass die, die sterben, in die Sphäre der Sonne eingehen, die Sphäre des kosmischen Ostens.

Wir müssen versuchen, uns solche Ideen und solche Bilder wieder zu eigen zu machen, nicht nur versuchen, unser Denken um unser selbst willen zu verlebendigen, sondern anfangen, den Boden zu bereiten, der so notwendig und wichtig ist für die, die gestorben sind. Für die Verstorbenen ist das «Ich» das einzige, das sie besitzen. Es ist kein formbares «Ich» mehr wie unseres hier auf Erden, da wir uns hier Vorstellungen erarbeiten, wir ändern und bewegen uns, aber sobald wir tot sind, empfinden wir unser «Ich» mit all seinen Erfahrungen mehr oder weniger wie wir hier auf der Erde die Außenwelt empfinden. Wir müssen uns auch bewusst werden, dass wir hier auf Erden von innen herausschauen, dass wir dort drüben jedoch von überall nach innen schauen. Wir müssen dies hier üben, um denen zu helfen, die gestorben sind.

Wenn wir dem Tor der Geburt und dem Tor des Todes erlauben, für uns zum Gegenstand tiefster Meditation zu werden, beginnen wir uns bewusst zu werden, dass uns die Pforten der Geburt und des Todes im alltäglichen Leben als ein Bild gezeigt werden: Der Mond und die Sonne, die sich um uns bewegen, sind die Tore der Geburt und des Todes. Alle, die geboren werden, kommen ausschließlich über die Mondensphäre herein, und alle, die sterben, gehen ausschließlich über die Sonnensphäre heraus. Die Vergangenheit – Karma, die Gesetze der Notwendigkeit – sind alle verbunden mit der Mondensphäre, die Zukunft und das Element der Freiheit – der Prozess des Werdens und der Entwicklung – sind jedoch alle verbunden mit dem Tor des Todes, mit der Sonne. Wenn

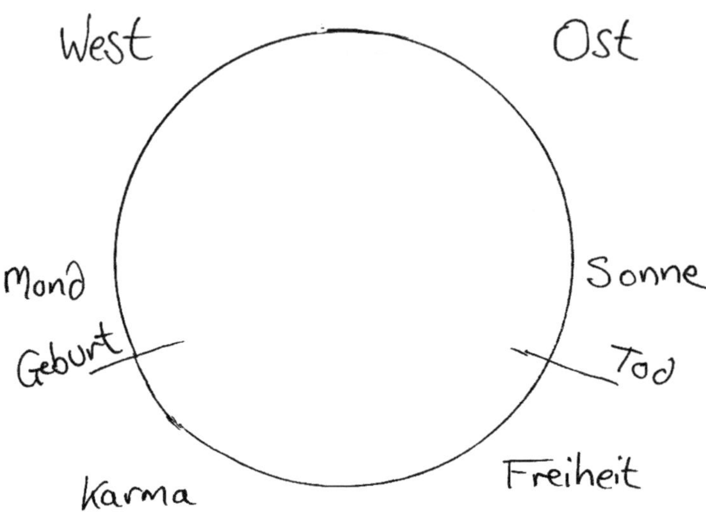

Das Tor der Geburt im Westen und das Tor des Todes im Osten

wir unseren Blick verlebendigen und den Mond als Tor der Geburt sehen und die Sonne als Tor des Todes schauen und wenn diese beiden – die Vergangenheit und die Zukunft – in uns lebendig werden, dann werden wir beginnen zu erkennen, was in jedem Menschen, den wir treffen, die Sonne und was der Mond ist. Wir können uns auch fragen, was in meiner Verbindung zu allen anderen Menschen Karma ist und was Freiheit. Wenn wir darüber nicht nur spekulieren, sondern versuchen, es zu erfahren, es uns vorzustellen, dann werden wieder Verbindungen geschaffen, die einen neuen Weg einweben, aus dem heraus die Brücke in das Königreich der Toten errichtet werden kann.[13]

Lasst mich mit einem anderen Bild enden. Rudolf Steiner hat uns einmal gesagt, dass es in unserer Zeit notwendig ist zu erkennen, dass die Speisung der Fünftausend ein Wunder war, das durch Christus bewirkt wurde, um in der fünften nachatlantischen Epoche menschliches

Leben zu ermöglichen.[14] Wenn wir die Erzählung der Vermehrung des Brotes im Evangelium lesen, können wir darüber erstaunt sein, dass der Ort zuerst als trostlos oder verlassen beschrieben wird – man kann sogar sagen als Wüste – und im nächsten Satz bittet Christus die Fünftausend, sich auf das grüne Gras zu setzen.

Das ist der Garten unseres Denkens, wo die Blumen sprießen werden, wenn wir nur unser Denken nähren, sodass aus einem trostlosen Ort einer voll mit grünem Gras wird.

Liebe Freunde, die, die gestorben sind, sind lebendiger, als wir je denken, und die Wiese, die Menschen erschaffen können, ist die Wiese, auf der die Verstorbenen spazieren können. Wenn das erreicht würde, wird die Sonne des Auferstandenen scheinen und alle Blüten zum Blühen bringen können, die so sehr benötigt werden. Dadurch entsteht die Brücke von denen auf der Erde zu jenen auf der anderen Seite.

3. Der Pfad jenseits des Todes

Palmsonntag, 30. März 1958

Beim letzten Mal haben wir auf bestimmte Gedanken und besondere Bilder geschaut, um uns mit den Regionen vertraut zu machen, in denen stets der größere Teil der Menschheit weilt – in denen der Mensch lebt und arbeitet, um das nächste Erdenleben vorzubereiten. Wir werden erfahren haben, wie schwer es ist, sich der Sphäre zu nähern, in der wir alle jedes Mal zwischen Tod und Wiedergeburt leben müssen. Wir haben gesehen, dass gewöhnliche Gedanken nicht in das Land der Verstorbenen vordringen können, dass dieses Land geschützt, dass es von einer riesigen Hecke umgeben ist. Dem Alltagsdenken ist der Eintritt verwehrt, alltägliche Gedanken werden zurückgewiesen und Alltagsgefühle sind schon gar nicht erwünscht. In der Selbsterkenntnis wird sich immer wieder ein gewisses Unbehagen zeigen, da wir nicht gerne abgewiesen werden. So werden wir immer wieder bemerken, dass wir unsere Annäherungsversuche an das Reich der Verstorbenen aufgeben. Wir werden nicht nur bemerken, dass wir unsere Bemühungen in dieses Reich hineinzukommen aufgeben, wir werden einen Schleier des Vergessens bemerken, der unser Bewusstsein verdeckt. Wir können gut wochen- oder monatelang ohne einen einzigen Gedanken an die riesige Schar der Verstorbenen leben, die uns umgibt; sie leiten uns dennoch immerzu, versuchen ständig sich uns zu nähern, wollen immerzu unser Sein durchdringen und an unseren Erfahrungen teilhaben.

Wir sollten uns dies zu Herzen nehmen und uns daran erinnern, dass wir uns immer wieder diesen Hindernissen entgegenstellen müssen, die uns das gegenwärtige Zeitalter ständig in den Weg stellt, indem es die sogenannten Toten in Nebel hüllt, verdeckt, abschneidet von den auf der Erde Lebenden. Aus diesem Grund habe ich das letzte Mal einige Ideen Rudolf Steiners als Imaginationsübungen eingebracht, mit denen wir das einzige Werkzeug trainieren können, das uns hier auf Erden gegeben ist, um in das Reich der Toten emporzusteigen – die Denkkraft.

Wir kamen auf das Bild der Wüste unserer Alltagsgedanken und haben entdeckt, dass nur, wenn wir versuchen, diese Gedanken so zu formen, dass ihre Bedeutung, ihr geistiger Ursprung offenbar wird, sich diese steinige Wüste in einen Garten verwandelt, in dem die Verstorbenen wandeln und Blumen pflücken können. In einem Vortrag beschreibt Rudolf Steiner wie die Verstorbenen zu den Schlafenden kommen, um Nahrung aufzunehmen.[15] Die Verstorbenen kommen zu denen, die ihre Freunde und Verwandten waren, suchen wahre Gedanken und wollen diese aufnehmen, wundervolle und schöne Imaginationen, da dies ihre Nahrung ist. Wir sollten nicht infrage stellen, was wir Menschen den Verstorbenen bedeuten oder was wir unvollkommenen Menschen ihnen geben können. Dies würde unsere Fähigkeiten völlig verkennen und unterschätzen. In der gleichen Weise, wie wir in der Lage sind, ihnen zu helfen, wollen sie uns helfen, aber wir müssen uns vorbereiten, damit dies geschehen kann. Das ist einfach eine menschliche Pflicht. In späteren Jahrhunderten wird es zweifellos Universitäten geben, in denen Menschen unterrichtet werden, diese Pflichten auszuführen und keinem Menschen wird es möglich sein, sinnvoll auf der Erde zu arbeiten, wenn er nicht willens ist, sich zu vereinen und zu verbinden mit den sogenannten Toten.

Rudolf Steiners Vortrag, auf den ich mich gerade bezogen habe, wurde 1913 in Bergen, Norwegen gehalten. Ich erwähne dies aus dem besonderen Grund, weil Steiner, ein paar Tage bevor er diesen Vortrag gehalten hat, in fünf Vorträgen das erste Mal offenbarte, was er als *Das fünfte Evangelium* bezeichnete. Von da an bis zum Beginn des Ersten Weltkrieges trug er nicht nur Woche für Woche aus Kapiteln des Fünften Evangeliums vor, sondern enthüllte auch immer mehr das Land, über das wir versuchen zu sprechen. Es gilt nun zu erkennen, wie beides zusammengehört. Wir werden am Ende unserer Überlegungen darauf zurückkommen, aber ich wollte bereits jetzt darauf hinweisen.

Wenn wir Rudolf Steiners Offenbarungen verfolgen, so ist es meist nicht nur eine Tatsache, die er enthüllt, es sind meist zwei, die ganz eng verbunden sind. Von 1908 bis 1912 offenbarte er beispielsweise die Wiederkunft Christi und zur gleichen Zeit gab er die ganzen Vortragszyklen und viele Einzelvorträge zu den verschiedenen Evangelien: Das war nicht ein, sondern es waren zwei Themen. Einerseits Christus im zwanzigsten Jahrhundert und andererseits die Offenbarung des Mysteriums von Golgatha in den vier Evangelien. 1913 ging er dann noch einen Schritt weiter und sprach über ein Fünftes Evangelium und über den Bereich der Wiederkunft Christi, der die Welt der Verstorbenen ist. Diese Offenbarungen gipfelten in den sechs Vorträgen, die er Ostern 1914 in Wien gehalten hat, über die wir später ein paar Worte sagen werden.[16] In einer ähnlichen Weise – als käme es aus einem erneuerten Christentum – wurde das Wissen über Karma und Wiedergeburt geboren. Das Land der Verstorbenen, das Leben zwischen Tod und Wiedergeburt, wurde durch eine neue Offenbarung des Fünften Evangeliums enthüllt, durch eine neue Offenbarung der wahren Ereignisse, die das Wesen des Christus umgeben und dies in einem Ausmaß wie in keinem der Mysterien zuvor. Hier wurde es der Menschheit offenbart, ob sie darauf vorbereitet war oder nicht. Wir sollten das mit größtmöglichem Ernst aufnehmen.

Ich möchte auch etwas ganz Besonderes über das Leben nach dem Tod erwähnen. Ebenso wie die Menschen hier auf Erden im Leben zwischen Geburt und Tod aus vier Seinsebenen bestehen: physischer, Äther- und Astralleib und das «Ich», entfalten wir uns nach dem Tode jenseits der Schwelle in einer vierfachen Weise. Dort besitzen wir ebenfalls vier Seinsebenen und ebenso wie sich unsere vier Körper auf der Erde allmählich entfalten, wenn wir uns vom Kind zum Jugendlichen entwickeln, entfalten sich nach dem Tod alle vier «Körper-»ebenen schrittweise. Wir werden uns nach und nach dieser Körper bewusst. Nachdem wir das Tor des Todes durchschritten haben, entspricht unser «Ich» beinahe dem, was wir in diesem Leben den physischen Körper nennen.

Rudolf Steiner beschrieb drei höhere Teile des Menschen, die bis jetzt ziemlich wenig entwickelt sind. Das Geistselbst ist der Teil unseres Astralkörpers, den wir durch unsere eigenen Anstrengungen umgeformt und verfeinert haben. Der Lebensgeist ist der umgewandelte und verfeinerte Ätherleib. Schließlich ist der Geistmensch, der am wenigsten entwickelt ist, unser umgewandelter physischer Leib.

Rudolf Steiner beschreibt, dass das «Ich» hier auf Erden einen mehr oder weniger flüssigen Zustand hat. Ich meine nicht flüssig, sondern einen flüssigen Zustand – es strömt, ändert seine Erscheinungsform. Jeden Tag erneuert sich unser «Ich». Wir wissen, es ist dasselbe «Ich», aber es hat neue Erfahrungen, es reagiert in einer anderen Weise; immer mehr neue Eindrücke kommen zu unserem «Ich» und sie kommen, wenn es durch die Portale des Wachens und Schlafens schreitet. Hinter dem Tor des Todes wird das «Ich» jedoch fest: Es wurde geformt, es steht da und ist sozusagen unveränderbar. Rudolf Steiner beschreibt das «Ich» nach dem Tod als eine ganz ausgestaltete Geistgestalt, die das Ergebnis des vergangenen Lebens ist und durch den Tod selbst geformt wurde und nichts kann an diesem «Ich» verändert werden. Er beschreibt es noch anschaulicher, indem er sagt, wenn wir auf ein Feld schauen, sehen wir all die unterschiedlichen Pflanzen, die darauf wachsen; in solch einer Weise sehen wir das «Ich» nach dem Tod. Was genau sehen wir nun? In diesem Moment sehen wir unser «Ich» als das große Panorama unserer Existenz auf Erden. Alles, was wir gedacht haben, alles, was wir erfahren haben, wird nun durch die Auflösung des Ätherleibes um uns herum ausgebreitet. Unser Sein in Form unserer Erfahrungen liegt vor uns. Rudolf Steiner nennt dies das «Ich».

Das ist die erste Stufe unseres Daseins nach dem Tod. Hier auf Erden erleben wir ständig etwas und jeden Tag von Neuem; im Moment des Todes verschwinden unsere Erfahrungen und alles, was wir erfahren haben, alles, was unser Leben hier auf Erden war, entfaltet sich wie ein großes Skript oder Tableau – und wir schauen darauf genauso wie wir auf der Erde die Welt um uns herum anschauen. Stellen wir uns vor, wir schauen uns selbst an. Unser Selbst ist nun außerhalb und wir betrachten es. Da ist unsere Kindheit mit Vater, Mutter und gewissen Ereignissen, die herausstechen; Lehrer und Verwandte; vielleicht ein Ausflug, der in unserer Erinnerung besonders lebendig ist; dann die ersten Jahre unserer Jugend, die Jahre der Arbeit, unsere Kinder, unsere Erfahrungen des späteren Lebens: All dies ist das «Ich»; aber das «Ich» ist in dieser Situation die Welt geworden, die einzige Welt, die wir wahrnehmen können: Es ist nichts um mich als «Ich» selbst. Dies ist mein «Ich» und ich atme in seiner Geistsprache und betrachte dieses Panorama und weiß, das bin «Ich». Wenn diese Phase zu Ende ist, kommt eine neue Erfahrung.

Die zweite Stufe unseres Daseins erscheint oder wir könnten sagen, wir nehmen sie wahr. Wir spüren unseren Blick – auch wenn man nicht mehr von Augen sprechen kann – zu einem Höhepunkt unseres Lebens hingezogen, dann wird er plötzlich abgelenkt und von einem anderen Teil unseres Lebens angezogen. Es ist, als würden wir an einem Fenster stehen und jemand käme von hinten, würde unseren Kopf nehmen und ihn drehen, sodass er einen Baum anschaut, ihn nach oben drehen, sodass er eine Wolke erschaut, ihn weiterdrehen, sodass er eine Wiese erblickt. Sobald wir uns dem hingeben, wissen wir, dass unser Geistselbst anfängt, uns zu umgeben. In diesem Geistselbst erscheint geistiges Sein um uns. Es könnte ein Engel gewesen sein, der unseren Blick lenkte oder es könnte einer der Erzengel gewesen sein, der auf ein anderes Ereignis hinwies. Um uns herum sozusagen, in der Sphäre des Geistselbst, das immer mehr in Erscheinung tritt, erwacht das Sein und unsere Einsamkeit kommt immer mehr zu einem Ende. Andere Geistwesen erscheinen um uns.

Wenn diese Phase des Seins weiter durchschritten ist, kommt eine andere neue Erfahrung und wir empfinden unser Sein durchdrungen von Lebenskräften. Sprießende, quellende Lebenskräfte weben sich durch unser Sein und wir fühlen uns erneuert und neu belebt, aber wir müssen etwas über diese Lebenskräfte lernen. Wir erfahren, dass jedes Lebewesen, das wir jetzt in unserer Umgebung mit diesen Lebenskräften berühren, stirbt. Sie sterben in solch einer Weise, dass Seelen- und Geisteskräfte aus ihnen befreit werden, aber das Leben selbst verschwindet, es verwelkt. Das ist eine ganz neue Erfahrung, denn nur an diesem Punkt können wir begreifen, was der Geist des Lebens in Wirklichkeit ist; der Lebensgeist wird um uns ausgebreitet.

Anschließend kommt eine vierte Erfahrung hinzu. An diesem Punkt wird der Geistmensch geboren. Rudolf Steiner sagt, dass es immer schwieriger wird, die richtigen Worte zu finden, um das zu beschreiben, was hier erfahren wird. Er versucht zu erklären, dass die Kräfte des Geistmenschen nun solche sind, die alle Form, alle Gestalt zerstören.

Dies sind die vier Stufen unseres Seins zwischen Tod und Wiedergeburt. Wenn Sie versuchen, dieses Wissen den Verstorbenen weiterzugeben oder wenn Sie vielleicht versuchen, die richtigen Bilder zu finden, um denen zu helfen, die ohne jegliches Verständnis für die Geisteswissenschaft gestorben sind, dann kann ihnen dies helfen, um sich mit dem zu verbinden, was sie gerade durchleben. Wir können versuchen, sie zu führen, damit sie ihr eigenes «Ich» finden können, dann ihr Geistselbst, ihren Lebensgeist, ihren Geistmenschen. Und wenn Sie sich inniglich mit allem verbinden können, was Rudolf Steiner so schön beschrieben hat, werden Sie sehen können, dass dieses ausgeformte «Ich» – das als unser nachtodliches Panorama beschrieben wurde – Ihnen beispielsweise in Form des Jünglings aus Goethes *Märchen* erscheinen kann. Das Geistselbst, das den Blick zu den verschiedenen Punkten des «Ichs» lenkt, ist der alte Mann mit der Lampe; der Lebensgeist, der etwas sterben lässt, wenn er es berührt, ist die schöne Lilie; und der Geistmensch, der die höchste Stufe unseres Seins darstellt und der jenseits der Schwelle die Form zerstört, ist wie die grüne Schlange, die, als sie sich selbst geopfert und die Brücke gebaut hatte, als tausend Edelsteine in den Fluss fällt.

Wenn wir den Verstorbenen solche Bilder anbieten – wie beispielsweise der Jüngling, der umgeben vom magischen Kreis der Schlange tot da liegt, und der Vogel, der darüber schwebt und die Strahlen der Sonne zu seinem Körper lenkt, und die schöne Lilie und all die anderen Figuren herum – das ist wirkliche Nahrung. Die Verstorbenen können dies aufnehmen und es wird in ihren Seelen zu Geistwissen umgewandelt, mit dem sie ihre eigene Existenz verstehen werden. Auf diesem Weg sollten wir denen dienen, die uns brauchen oder uns um Hilfe bitten.

Letztes Mal habe ich den Unterschied zwischen dem Erleben des Geburts- und des Todesmomentes beschrieben. Die Geburt ist in Dunkelheit gehüllt. Wir wissen gar nichts über den Geburtsmoment. Der Todesmoment ist gänzlich verschieden, da es der Höhepunkt ist, er ist das Licht, das immerzu, ohne Unterbrechung, durch das Leben zwischen Tod und Wiedergeburt scheint. Es ist immerzu vor uns. Es strahlt und ist ein Fokus unseres Bewusstseins. Je weiter wir uns von ihm entfernen, desto stärker strahlt es zu uns. Weiter zurück, jenseits dieses Punktes war unser physischer Leib, den wir abgelegt haben.

Nach dem Tod können viele Menschen verfolgen, was mit ihrem Körper geschieht, den sie zurückgelassen haben. Ob er den Verwesungskräften überlassen wird, indem er begraben wurde oder den Feuerkräften, wenn er verbrannt wird, macht keinen Unterschied. Sie beobachten das objektiv und in einer abgeklärten Weise, so wie wir das Wetter beobachten. In ähnlicher Weise schauen sie auf ihren Körper herunter und akzeptieren es als vollkommene Notwendigkeit, dass er zerfällt: Sie lassen ihn sozusagen ohne jegliches Zögern gehen. Mit dem Ätherleib ist das jedoch anders.

Ich werde dies jetzt nicht im Hinblick auf seinen *Inhalt* beschreiben, weil sein Inhalt das ist, was uns als Entität überhaupt ausmacht; unser eigenes Ich, dieses ganz besondere Ich, das wir im letzten Leben zwischen Geburt und Tod waren. Wir werden nun von der Person weg auf den Ätherleib selbst schauen. Nicht viele Verstorbene können dies sofort und klar sehen und verstehen, was es bedeutet, weil sie in derselben Weise wie wir hier auf Erden lernen müssen, das Erdendasein zu verstehen, lernen müssen, das nachtodliche Leben zu verstehen. Wenn wir uns das vorstellen – und das können wir mithilfe der Anthroposophie –, dann werden wir verstehen, dass in diesem Ätherleib zwei verschiedene Kräfte sind. Eine Kraft wird schwinden, wird uns verlassen: Es ist der Lebensleib oder die Lebenskraft aller lebendigen Kreaturen; er wird zerfallen und sterben. (In einer ähnlichen Weise werden die Lebenskräfte der gesamten Erde zerfallen.) Andere Kräfte werden jedoch in diesem Ätherleib erscheinen. Rudolf Steiner beschreibt, dass diese zweite Kraft den Wachstumskräften, den Kräften der jungen, sprießenden Pflanzen ähnlich ist, und dass diese Lebenskräfte strahlen und beginnen, den immer weiter ausgedehnten Ätherleib wie kleine Flämmchen zu durchdringen.[17] Sie sind die Kräfte des Christusimpulses, der in dem Moment begann, als das Blut des Christus am Kreuz in die Erde floss.

Des Weiteren beschreibt Rudolf Steiner, wie nach dem Tode in unserem sich immer weiter ausdehnenden Ätherleib der ausgedehnte Leib des Christus erscheint. So können wir uns einen sich immer weiter ausdehnenden Ätherleib vorstellen, so weit wie das ganze Firmament und in ihm die Lebenskräfte des Christus, die aus dem Blut, das die Erde durchdrungen hatte, entspringen. Eingeprägt in dieses Leichentuch unseres Ätherleibes kann der Leib des Christus selbst gefunden werden. Das ist das wahre Bild des Heiligen Leichentuches. Wenn wir dem folgen können, dann können wir verstehen, dass der Körper, der in den Sarg gelegt wird, der Altar ist; hinter diesem Altar weitet sich das ätherische Leichentuch unseres eigenen Ätherleibes, und in diesem ätherischen Leichentuch erscheint der Leib und das Leben Christi – das Brot und der Wein. Gleich nach dem Tod wird ein Gottesdienst gefeiert, aus dem die Verstorbenen die Gewissheit empfangen, dass das menschliche Wesen nicht stirbt, sondern als geistiger Inhalt der Erde weiterlebt.

Dies, liebe Freunde, kann in diesem Jahr unsere Osterbotschaft sein: Trotz allem, was passiert, stirbt die Menschheit nicht, sondern lebt als geistiger Inhalt dieser Erde weiter. Trotz allem, dem wir heute begegnen müssen, sollten wir uns diese Überzeugung, diese Gewissheit, diese Entschiedenheit, dieses absolute «Ja» zur Zukunft der Menschheit im Namen Christi in unsere Herzen einschreiben.

Der Vortrag, aus dem ich zitiert habe, war der letzte, den Rudolf Steiner in den verschiedenen Vortragsreihen über das Fünfte Evangelium gab. Man hat den Eindruck, dass das gesamte Fünfte Evangelium offenbart wurde, um die Botschaft zu überbringen, dass der Mensch als geistige Entität nicht sterben wird. Ein paar Wochen später ging Rudolf Steiner nach Wien, wo er den Vortragszyklus *Inneres Wesen des Menschen und Leben zwischen Tod und neuer Geburt* gab.[18] Wenn Sie diesen Vortragszyklus allein oder in Gruppen studieren mögen,[19] werden Sie bemerken, dass Rudolf Steiner jeden der sechs Vorträge mit einem besonderen Satz schließt. Die ersten beiden Vorträge schließt er mit den Worten EX DEO NASCIMUR, den dritten und vierten mit den Worten IN CHRISTO MORIMUR und die letzten beiden mit den Worten PER SPIRITUM SANCTUM REVIVISCIMUS. Mit diesen Sätzen prägt er in seine Offenbarungen – in die Sphäre der Verstorbenen – den Christus-Impuls unserer Zeit ein. Es ist, als ob Rudolf Steiner dadurch das Fünfte

Evangelium geben konnte, dass er den Christus unserer Zeit in diese neue Offenbarung hineinführt, die er aus dem Erleben der Verstorbenen zwischen Tod und neuer Geburt gewonnen hatte.

Heute ist nicht nur Palmsonntag, liebe Freunde, sondern auch der Jahrestag von Rudolf Steiners Tod. Es ist 33 Jahre her, dass er in das geistige Reich übergetreten ist und seinen Körper, den er während seines Lebens trug, verlassen hat. Ihm ist es zu verdanken, dass Menschen sich wie wir heute Abend treffen können und dass man in der Lage ist, solch eine Botschaft noch 33 Jahre nach seinem Tod zu hören.

Ich werde jetzt ganz aus persönlicher Erfahrung sprechen und ich hoffe, Sie werden mir vergeben, dass ich das tue. Wenn die Älteren unter Ihnen auf die Zeit, als Rudolf Steiner starb, zurückblicken und versuchen, sich zu erinnern, was der 30. März in den vergangenen Jahren für sie bedeutete, dann können wir bemerken, dass seitdem eine große Veränderung stattgefunden hat. Anfangs war der Tag durch die innigliche Herzensverbindung zu dem Verstorbenen voll von Trauer und Schmerz. Es war ganz klar ein bedeutender Tag in jenem Jahr. Es war an diesem Tag schwer, andere Menschen zu treffen, da der Schmerz, die Trauer und die Sorgen so groß waren. Wie immer heilt die Zeit alle Wunden und so ist die Trauer nach und nach verschwunden und diese unmittelbare und innigliche Verbindung mit dem, der die Erde verlassen hat, schwand immer mehr. Allmählich entstand eine Art Trennung, die in den letzten Jahren immer deutlicher wurde. Auf der einen Seite war die historische Persönlichkeit, Rudolf Steiner, und auf der anderen das eigentliche Wesen, das in dieser Persönlichkeit war. Mit einer gewissen Distanz können wir allmählich die Bedeutung der historischen Persönlichkeit am Ende des neunzehnten und zu Beginn des zwanzigsten Jahrhunderts sehen, wir können beginnen, ihren Platz in der Geschichte wahrzunehmen und das Menschenwesen mit all seinem Karma, mit seinen Freunden, mit seinen Schülern, und das Scheitern derer, die ihn umgaben, begreifen. Dazu gehört auch die Anthroposophische Gesellschaft, die immer noch versucht, die historische Person zu bewahren.

Andererseits erscheint in immer hellerem Licht das Erbe, das erbrachte Opfer, das Wesen, das innerhalb dieser Persönlichkeit war und ist. Ich habe den Eindruck, dass wir das allmählich immer klarer sehen werden. Wenn das Menschenwesen immer mehr in die Tiefen der Geschichte hineintaucht, werden wir in der Zukunft das eigentliche Wesen immer klarer, lichter aufsteigen sehen. Wenn wir diesem Wesen folgen, bereiten wir seinen Wiedereintritt in dieses Erdenreich vor.

Das sollten wir mit der größtmöglichen Objektivität beobachten, die wir in uns entwickeln können – nicht urteilen, sondern wissen. Wissen, was er gab, was er erschaffen hat und was in ihm war. Darauf sollte unser Geist schauen, da es ein aufsteigender Geist-Stern ist, der in die Zukunft führt und er trägt die Botschaft, die ich versuchte, Ihnen mitzuteilen. Man kann beinahe den Auferstandenen fühlen, Ihn beinahe sehen, wie Er diese Botschaft spricht.

Lassen Sie uns dies mit uns nehmen, denn dadurch werden die Verstorbenen mit uns sein. Sie werden wissen, dass nicht nur der Christus als das Licht in ihrer Mitte auferstanden ist, sondern auch, dass die Menschheit auf Erden nicht verloren ist.

Gedichte

Die Verwandlungen des Menschen (1921)[20]

Im Namen des Leibes, des Geistes und des All-Einen:

I. Der All-Eine spricht:
Blühender Vogel stieg auf aus der Welt,
Meine Erhabenheit ist Ewigkeit.
Wie unendlich spannen sich meine Flügel
Über die Blumen, über die Bäume,
Weit, außer den Sternen liegt meine Hand.
Ich bin kein Weg zur Unendlichkeit,
Immer bin ich ein Stück vom Geiste des Herrn.
Ewig umfang ich das Sein.
Aufgeblüht liegt mein Dasein in der Stirne der Welt.
Unten, vorbei, ein wilder Bach
Fließt des Lebens brausende Zeit.
Aber ich bin drinnen und draußen,
Starr aus Eis wankt mein Angesicht nimmer
Alles weiß ich, allen bin ich zu Gast

Und führ sie zu mir.
Ich bin ein Stück des Herrn
Und bin der Herr doch selbst.
Ich bin ein Engel, weit erhöht in starrer Seligkeit.
Immer nur bin ich.
Aber was werde ich nach dem Sein?
Nimmermehr fällt mein Bewusstsein aus der Gebärde der Welt.
Sterne umfang ich,
Ich des Bewusstseins,
Selbst sich wissender Teil.
So bin sich All in Ewigkeit.

II. Der Geist spricht:
Zu den blauen Sternen blühen Blumen
Weit auf der großen Erde liegt mein Dasein.
Schreitender Wanderer bin ich zur Ewigkeit:
Gut und Böse bin ich vereint.
Gut und Böse in aller Zeit.
Hinter dem Vorhang meines Lebens
Wacht ein blaues Angesicht.
Der Eine, der sich manchmal offenbart
In höchsten Stunden meines Wegs.
Ich aber bin gebunden an das Werden und Werk.
Aufschreit mein Wesen zur Erde.
Oh, ich möcht' dich umfassen, Du Leben
Ewig in Deiner Schönheit Taumel sein.
Blumen blühen und Sterne
Menschenteil bin ich und Menschenweg.
Wald und Gestrüpp und Geheg und Gestein.
Und Liebe, weite, erhabene Welt.
Aber das blaue Angesicht hinter dem Haupte
Ruft und spricht: *Ich bin Dein Vater*

Bebend gehorch ich und trage aufwärts
Den Leib meines Leidens
Zum Herrn.

III. Der Leib spricht:
Wo bist du, Geist, wo bist Du, Herr,
Nur Leben ist meine Begierde.
Im Tode verlass' ich mich herrlichen Leib,
Und bin gestorben der Stunde.
So tanz' ich und spring' ich
Was schiert mich Dein Sein
Ich bin ein elender Engel.
Ein glücklicher Künder aus Stahl und Stein
Ich fahr' in den Himmel als Sünder ein
All meine Lebenstage.
Komm, Erde ich fass' Dich
Und drück' Dich an mich,
Ich bin nur für Jahre bestellt.
Dann bist du vorüber, Du helle Welt
Und Dunkel und Nichtsein erfüllt mich.
Ich dreh' einen lachenden Zirkeltanz
Im Kreis um mein dummes Leben.

Was Himmel, was Liebe
Die Sterne soll'n bleiben
Ich fahre durch und dreh mich und werbe,
Ich lache alles, ich glaub Euch ja nicht,
Ihr seid ja nicht da, ihr Geister und Götter,
Ich aber bin des Halunken Erbe
Ich leb' meine Zeit und lebe und sterbe.

IV. Der Mensch spricht:
Ich aber bin auf der Erde, oh Herr.
Liebe und Leben sind verloren im Dasein
Deines Hauchs.
Ich hebe mein Haupt und blicke zu Dir,
Ich weiß ja nicht, was ich bin.
Immer beseh ich die Erde,
Immer beschau ich die weite, brausende Welt.
Unter rauschenden Bäumen wandelt mein Ich,
Und meine Hände heben sich betend Dir zu.
Oh Herr.
Aber der Erde blühendes Leben hält mich.
Ich weiß, ich bin nur das Gefäß für Deine Auferstehenden,
Und der Bereiter Deines Wegs.
Demütig neigt sich die Seele.
Ich wandre und wandre.
Die Dinge starren mich an
Wie fremde Zeilen hoher Verkündigung.
Was ist meine Hand, oh Herr?
Kann ich erfassen, was ich bin
Und was die Blumen und alles um mich?
Und ob ich wandre oder stehe,
Niemals erkannt ich mein Angesicht.
Niemals noch seh' ich die Augen meines eig'nen Hauptes.
Eines nur weiß ich:
Dass alles so sein muss, wie es ist.
Und dass hinter dem Scheitel
Ein blaues Angesicht wartet,
Das mich in Deine Gefilde führt.
Ich will die Erde umfassen, Herr,
Ich will der Erden entsagen, Herr.
Getrieben bin ich, gestoßen, verhasster Künder Deines Wegs.

Und will nicht, Herr, Dein Bote sein! –
Vergib, ich senke meine Lider,
Und fasse meines Hüters blaues Angesicht Erkenntnis.
Aufwandernd wend' ich mich zu Dir!
Ob ich Dich jemals erreiche, Herr?
Ich aber nahm den Geist
Und nun will ich aufwärts schreitend zu Dir,
Teil des Bewusstseins, Erlösung.

Jetzt weiß ich nimmer, Herr
Bin ich Verkünder Deines Geistes?
Bin ich ein Spiel Deines Spottes,
Bin ich ein Lügner in Deinem Sein?
Bin ich ein übermüdeter Mensch,
Bin ich ein Armer in Deinen Händen,
Oder ein Busch, der brennt?
Oder ich bin ein Irrer des Lebens.

21.)

Im Sterben
Haucht der Mensch
Den letzten Atemzug
In alle Welten weiten aus.
Das Wort
Auf Atemflügeln
Schwingt sich auf,
Dem Adler gleich, der Sonne zu,
Das Wort der Menschenseele.
Der Menschenleib
Er fällt in Asche aus der
Kraft des Atem-Adler-Flügels
Auf die Erde nieder.

Im Geboren-Werden
Haucht der Mensch
Den ersten Atemzug
In seine Leibeshüllen ein.
Auf Atemflügeln
Senkt sich der Gedanke: Mensch
Aus Silber-Mondes-Reichen
Auf den Erdenleib hernieder.
Er findet seinen Weg
Durch die Kristallgebilde
Die das Menschenhaupt gestalten.
Das Salz des Leibes
Füllt sich, zerlöst sich
Im Gedanken: Mensch.

Was Wort war,
Was in Weltenweiten sich verlor
Im Sterben,
Es kommt als der Gedanke
Wiederum zurück
Durch die Geburt.

Die Engel trugen mich,
Als ich einst starb,
Und durch mein Leben & mein Sein,
Das Wort beschmutzte & verstümmelte,
Die Engel trugen dieses arme,
zerstückelte & ganz zerstörte Wort,
Hinauf ins Reich der Himmel.
Da kamen alle Hierarchien
Und wandelten das arme Wort,
Und heilten es, & machten ganz,
Was so zerbrochen war.
Das so gewandelte & heile Wort
Strömte als mein Selbst-Gedanke,
Als mein Gedanken-Selbst,
Hernieder auf die Erde. Und
Ich ward geboren.

Aus meinen Gliedern
Strömte dieses Wort im Tode.
Aus meinen Händen,
Meinen Füßen,
Aus Arm & Bein
Aus Schulter & aus Becken.

Aus meinem Rückgrat,
Meinen Muskeln, meinen Sehnen.
Aus den Gelenken,
Aus den Knochen, aus dem Blut.
Aus den Organen, die mir
Einstmals Leben gaben.
Aus deren Licht & deren Kraft.
Doch alles was im Leben
Ich verbrochen,
Dort, wo ich Tod & auch Zerstörung
Veranlaßt,
Aus schlechtem Tun
Und bösem Wollen,
Aus falschem Wort
Und lügenvollem Handeln,
Aus Eitelkeit & Mißgunst
Ward der Glieder Form
Und die Gestalt des Leibes
Krank & arm.
All dies,
Empfing mein Engel.
Er reichte es hinauf
Ins Reich der Hierarchien.
Es nahmen Archai & Kyriotetes,
Es trugen Mächte & Gewalten,
Das kranke, mißgestaltete
Und lügenhafte Wort
In ihre Reiche.
Da wurden meine Finger

In Strahlenformen
Wiederum gerad's aufrecht.
Es wölbten meines Fußes Rundung
Und meiner Hände Flächen
Die Hierarchien.
Sie bildeten des Blutes Kraft
Und der Organe Leben
In meines neuen Hauptes Form
Und Gleichnis um.
Arm kam zu Arm
Und Bein zu Bein.
Mein Ohr entstand
Und meines Auges Rundung.
Der Schädel wölbte sich
Und meine Kiefer streckten
Die Kraft in die Gestalt.
Aus Leib ward Haupt.
Aus Wort ward der Gedanke.

Es strömten die Planeten-Sphären
Und die Sternenkreise
Ihre Gnade in mich ein.
Es wandelten der Sterne Bahnen
In meinem Sein.
Es füllte sich mein Werden
In das Denken ein.
Leib ward zum Haupte,
Wort verwandelte sich
In Gedankenkraft.
Geburt geschah
Und stellte mich ins Erdenhaus.

Dies Erdenhaus
Es füllte sich mit der Materie
Schweren Brocken.
Es hängten die Molekel sich,
Die Steine, die Gewässer,
Alle Schwerkraft - Gewalten,
An dieses Leibeshaus.
So ward aus Hierarchien - Bauwerk
Erden - Leib - Gestalt.
Kristall bekam Gestein.
Salz wandelte sich um in Asche.
Lichtesweben ward zur Erdenschwere!
Phantom verging
Und Leib entstand.

Ich schleppe diesen Leib
Durch meine Erdentage.
Ich weiß,
Daß dieser Leib am Ende
Meines Lebens,
Zerfallen wird
Und daß aus seinen Brocken,
Seinen Trümmern,
Aus seinen Wunden
Und aus seinen Narben,
Die Götter gnadevoll
Das Bildnis ihrer selbst
Neu fügen werden.
Leib wird zu Kopf
Und Wort verwandelt sich
In den Gedanken.

In Dir, oh Christus
Ward der Leib zum Haupte.
Durch deine Gnade,
Deine Liebe,
Durch deine allumfassende
Erbarmenskraft
Ward Asche umgewandelt
In das Salz der Erde.

Dein Haupt
Es wurde Auferstehung.
Dein Haupt
Es wurde hingeopfert
Und verwandelte
Sich in das Lamm der Welt.

Seither kann jeder Mensch
In deine Liebe
Sterben.
Dein Gottes-Lamm
Es trägt die
Auferstehungsfahne.
Du bist das Gottes-Lamm,
Dein Geist
Er ist die Auferstehungs fahne.
Mein Auge aber
Darf Dich schauen
Und schwelgen
In dem Anblick
Deiner Gnade.

Ostern
1945

Im Sterben (Ostern 1945)

Im Sterben
Haucht der Mensch
Den letzten Atemzug
In alle Weltenweiten aus.
Das Wort
Auf Atemflügeln
Schwingt sich auf,
Dem Adler gleich, der Sonne zu,
Das Wort der Menschenseele.
Der Menschenleib
Er fällt in Asche aus der
Kraft des Atem-Adler-Flügels
Auf die Erde nieder.

Im Geboren-Werden
Haucht der Mensch
Den ersten Atemzug
In seine Leibeshüllen ein.
Auf Atemflügeln
Senkt sich der Gedanke: Mensch
Aus Silber-Mondes-Reichen
Auf den Erdenleib hernieder.
Er findet seinen Weg
Durch die Kristallgebilde
Die das Menschenhaupt gestalten.
Das Salz des Leibes
Füllt sich und zerlöst sich
Im Gedanken: Mensch.
Was Wort war,
Was in Weltenweiten sich verlor

Im Sterben,
Es kommt als der Gedanke
Wiederum zurück
Durch die Geburt.

Die Engel trugen mich,
Als ich einst starb,
Und durch mein Leben und mein Sein,
Das Wort beschmutzte und verstümmelte,
Die Engel trugen dieses arme,
Zerstückelte und ganz zerstörte Wort,
Hinauf ins Reich der Himmel.
Da kamen alle Hierarchien
Und wandelten das arme Wort,
Und heilten es, und machten ganz,
Was so zerbrochen war.
Das so gewandelte und heile Wort
Strömte als mein Selbst-Gedanke,
Als mein Gedanken-Selbst,
Hernieder auf die Erde. Und
Ich ward geboren.

Aus meinen Gliedern
Strömte dieses Wort im Tode.
Aus meinen Händen,
Meinen Füßen,
Aus Arm und Bein
Aus Schulter und aus Becken.
Aus meinem Rückgrat,
Meinen Muskeln, meinen Sehnen.
Aus den Gelenken,
Aus den Knochen, aus dem Blut.

Aus den Organen, die mir
Einstmals Leben gaben.
Aus deren Licht und deren Kraft.
Doch alles, was im Leben
Ich verbrochen,
Dort, wo ich Tod und auch Zerstörung
Veranlasst,
Aus schlechtem Tun
Und bösem Wollen,
aus falschem Wort
Und lügenvollem Handeln,
Aus Eitelkeit und Missgunst
Ward der Glieder Form
Und die Gestalt des Leibes
Krank und arm.
All dies,
Empfing mein Engel.
Er reichte es hinauf
Ins Reich der Hierarchien.
Es nahmen Archai und Kyriotetes,
Es trugen Mächte und Gewalten,
Das kranke, missgestaltete
Und lügenhafte Wort
In ihre Reiche.
Da wurden meine Finger
In Strahlenformen
Wiederum gerad' und aufrecht.
Es wölbten meines Fußes Rundung
Und meiner Hände Flächen
Die Hierarchien.
Sie bildeten des Blutes Kraft
Und der Organe Leben

In meines neuen Hauptes Form
Und Gleichnis um.
Arm kam zu Arm
Und Bein zu Bein.
Mein Ohr entstand
Und meines Auges Rundung.
Der Schädel wölbte sich
Und meine Kiefer streckten
Die Kraft in die Gestalt.
Aus Leib ward Haupt.
Aus Wort ward der Gedanke.

Es strömten die Planeten-Sphären
Und die Sternenkreise
Ihre Gnade in mich ein.
Es wandelten der Sterne Bahnen
In meinem Sein.
Es füllte sich mein Werden
In das Denken ein.
Leib ward zum Haupte,
Wort verwandelte sich
In Gedankenkraft.
Geburt geschah
Und stellte mich ins Erdenhaus.

Dies Erdenhaus
Es füllte sich mit der Materie
Schweren Brocken.
Es hängten die Molekel sich,
die Steine, die Gewässer,
Alle Schwer-Gewalten,
An dieses Leibeshaus.

So ward aus Hierarchien – Bauwerk
Erden-Leib-Gestalt.
Kristall bekam Gestein.
Salz wandelte sich um in Asche.
Lichtesweben ward zur Erdenschwere!
Phantom verging
Und Leib entstand.

Ich schleppe diesen Leib
Durch meine Erdentage.
Ich weiß,
Dass dieser Leib am Ende
Meines Lebens,
zerfallen wird
Und dass aus seinen Brocken,
Seinen Trümmern,
aus seinen Wunden
Und aus seinen Narben,
Die Götter gnadenvoll
Das Bildnis ihrer selbst
Neu fügen werden.
Leib wird zu Kopf
Und Wort verwandelt sich
In den Gedanken.

In Dir, oh Christus
Ward der Leib zum Haupte.
Durch Deine Gnade,
Deine Liebe,
Durch deine allumfassende
Erbarmenskraft
Ward Asche umgewandelt

In das Salz der Erde.
Dein Haupt
Es wurde Auferstehung.
Dein Haupt
Es wurde hingeopfert
Und verwandelte
Sich in das Lamm der Welt.

Seither kann jeder Mensch
In Deine Liebe
Sterben.
Dein Gottes-Lamm
Es trägt die
Auferstehungsfahne.
Du bist das Gottes-Lamm,
Dein Geist
Er ist die Auferstehungsfahne.

Mein Auge aber
Darf Dich schauen
Und schmelzen
In dem Anblick
Deiner Gnade.

Faksimile s. S. 62–67

Der Tod Adalbert Stifters (1955)

Als Du des Messers Schneide
An die Kehle setztest;
Der blanke Stahl die heiße
Haut berührte;
Als die Erniederungskraft
Die Hand Dir führte,
Und Du den ewigen Strom
Des Blutes verletztest.

In diesem Augenblick
Der Tod und Leben Dir durchschnitt,
War Geistes Klarheit,
Nicht Verwirrung
Um Dein Ich gebreitet.
Der Sinne Enge hatte sich geweitet,
Die Hand, die Dich
Durch Deine Lebensstufen einst geleitet,
Wies dir den Weg zum Tor!
Dorthin führte Dein Schritt
Und nicht zurück.

Du standest vor Dir selbst
Und sahst Dein Lebensbild;
Die Not, die Schmach,
Die unentwegte Mühe,
Die dich am Morgen in der Frühe
Befiel und durch den Tag
Dich nicht verließ.
Und wenn der Abend kam,
Die Nacht sich senkte,

Dann war es Furcht,
Die Dir das Herz verengte
Und krank und müde,
Rat- und hoffnungslos,
Singst Du hinein ins Dunkel,
In den Raum der Nacht.

Da half kein Beten und kein Händefalten.
Da war der Glaube niemals
Hell und stark genug.
Da war das gottergebene Verhalten
Nur Lug und Trug,
Und der von Anfang an verlorene Versuch
Sich aus dem Reich der Sünde
Und der Not hinweg zu halten.

Doch sahst Du auch all die,
Die Dich umstanden
Und Dir zur Hilfe beigegeben waren.
Doch ihre Hilfe war Verhinderung,
Und ihre Liebe war Vereitelung.
Und ihre Neigung war die Fessel
An der Du hoffnungslos
Dem Kerker Deines Selbst
Zu fliehen suchtest.

Oh, diese Ohnmacht, diese Qual!
In einem Körper eingekerkert sein,
Der nur den Schmerz vermittelt
Und der Tierheit Brunst,
Der Pflanze Ohnmacht
Und der Triebe Gunst.

Und dann zu wissen:
Dass jede Menschen-Findung
Trennung bringt;
Dass jedes Wort der Güte
Hass und Neid erzwingt;
Dass jeder warme Druck der Hand
Herzlose Kälte findet
Hier im Erdenland.

So war es Not und Schwäche,
Qual und Schmerz
Den Du die Kraft nicht fandest
Zu erlösen.
Denn ein Verdammter warst Du,
Ein Vergessener!
Einer, um den sich Gott nicht
Zu bekümmern schien.
Der ihn verstoßen und vertrieben hat
In diese kalte Leidensstatt
Auf dieser Erde.

Und alle Menschen schienen
Wie Verbündete von Gott!
Doch gegen Dich.
Alle die andern hatten
Glauben, Liebe, Hoffnung.
Sie konnten vor den höheren Altaren
Das Sakrament empfangen
Und in sich bewahren.

Sie konnten friedevollen Herzens sein
Und im Gemüte sich

Der Sonne freuen,
Des Himmels und der Wolken Züge,
Des Lichtes und der Morgen Frühe,
Der Farbenglut und des Gesangs der Lerchen,
Der Sterne Gang
Und auch des Mondes Milde.

Sie waren Eins mit ihrem Schöpfer
Und seinem Werk.
In Deinem Herzen aber war der Neid,
Die Missgunst und der Hader wild gewachsen.
Du spürtest Dich verstoßen und verlassen
Und wolltest dennoch wie die Andern sein.
Und durftest nicht. Denn Gottes Fluch
Stand Dir auf Deiner Stirn.

Deshalb und nur deshalb
Machtest Du kehrt und suchtest
In einer Seelenflucht im Selbstentfliehen
Die Welt zu finden,
Die Gott Dir hat versagt.
In Worten, die von stiller Eintracht sprachen,
Vom kleinen Glück,
Vom Sich-Ergeben,
Vom Gang des Jahres
Und vom Sinn der kleinen Dinge,
Da suchtest Du zu finden
Was Dir selbst verboten.

Doch als die Uhr der Lebenszeit
Die letzten Stunden schlug,
Da wusstest Du,

Dass trotz und trotz und trotz
Des schweren, unsagbaren Schweren
Und sich bemühenden Bemühens,
Dass trotz des Feuerofens Glühens,
Dass trotz der Eiseskälte des Ertragens,
Des sich Verleugnens, Sich-Versagens,
Das Nichts, die Leere und die Schuld
Das Ende Deiner Tage waren.
Amelie war Verrat!
Und Gustav Heckenast ein Feind.
Der gute Aprent war ein Fremdling!
Der Bruder Anton war ein Schein
Und so war Kirchschlag, Oberplan
Und Linz
Nicht Himmel, sondern Hölle und Vernichtung.

So blieb nur Einer;
Und dieser hieß: Der Tod!
Wird er Dir geben
Was das Leben Dir versagt?
Wird er Dich dorthin führen
Wo es wieder tagt
Und Tau der Gnade sich
Auf Deine Augen niedersenkt?

Und als der Schrei
Des qualvollen Entsetzens
Schon verhallt war;
Als Dein Bewusstsein Dich verließ
Und Schmerz und Not verhallt war –
Da erstand ein Bild.

Du sahst Dich selbst;
Du standest
Mit nackten Füßen und mit leichtem
Tuch bekleidet
In einer harten Winternacht
Im tiefen Schnee:
Büßend und hungrig,
Aber dennoch stolz und ungebeugt
Vor einem Tor.
Es war Toskana
Eingehüllt in Winterstrenge.
Du kamst zu büßen,
Doch Du warst der Buße fern.

Du suchtest Hilfe
Doch es war Begehren;
Du wolltest Gnade
Doch Du konntest nicht verehren
Und dennoch wolltest Du
Und konntest nicht.

Adalbert Stifter,
Rief die Stimme!
Kennst Du Dein Canossa?
Adalbert Stifter,
Kennst Du Deine Not?
Du musst zerbrechen
Eh Du neu ertstehst!
Du musst vergehen
Eh Du neu Dich findest.
Du musst verlieren
Eh Du Dich verbindest

Mit Gotte und Kirche
Und dem Guten hier auf Erden.

–

Nun aber leben Deiner Worte Wesen
In vieler Menschen Herzen.
Sie schaffen Frieden,
Der Dir selbst versagt.
Sie geben Glauben,
Den Du selbst nicht fandest.
Sie spenden Trost,
Der Dir verboten war.
Und dieser Glauben, Trost und Frieden,
Sie strömen aufwärts
Und erwärmen Deine Seele,
Erhellen Deinen Geist,
Und geben Dir Genesung dort,
Wo Himmelslicht und Himmelsfreude
Dich umgibt.

Oh werde wieder Mensch
Und komme
Herab zur Erde!
Finde hier
Das Wort und auch die Gnade Christi.
Oh hab' zum Menschsein
Wieder Mut.
Und alles, was so schlecht gewesen
Es wird gut.

Geburt und Tod – 2 Aufsätze

Des Kindes Erleben von Tod und Geburt

(Furcht und Scham)[21]

I.

In seinem Buch *Wie erlangt man Erkenntnisse der höheren Welten?* beschreibt Rudolf Steiner gewisse Erlebnisse, welche die Menschenseele erfährt, wenn sie sich auf den Erkenntnisweg begibt, der in diesem Buche gewiesen wird. Dabei handelt es sich um das Erlangen von Erfahrungen, die in solchen Bereichen, die sonst der Sinneserkenntnis verschlossen sind, gemacht werden. Auch der in der Tiefenpsychologie geschulte Arzt findet dort Darstellungen, denen er immer wieder begegnet, wenn er die Erlebnisse seiner Patienten studiert und ihre Träume zu verstehen sucht.

Werden aber einige der in diesem Buche angegebenen Übungen in der richtigen Gesinnung durchgeführt, so kann bald für die übende Seele Klarheit entstehen über die Grenzen jener zwei Reiche, die allgemein als das Feld des Bewusstseins und der Bereich des Unbewussten bezeichnet werden. Schon allein der Versuch, das eigene Denken zu erziehen, das Gefühlsleben in Selbstbeherrschung zu entfalten und den Willen zu üben, formt die Seele zu einem sich ordnenden Instrument, das allmählich so weit gestimmt ist, dass es von Harmonien statt Dissonanzen geleitet wird. Und die Grenze, die zwischen dem wachen Bewusstsein und dem träumend-schlafenden Unbewussten liegt, rückt dann der inneren Erfahrung näher und offenbart der sich bemühenden Seele zwei besondere Empfindungen. Es sind dies zwei Gemütsbewegungen, die an der Pforte, die vom Bewussten zum Unbewussten führt, gleich Wächtern verweilen. Es sind die beiden Urbilder des menschlichen Fühlens, von denen die Seele dauernd erfüllt ist. Selten erscheinen sie in Menschen, die eine Art von Seelengleichgewicht errungen haben. Jeder Verlust dieses Gleichgewichts aber, und wäre er auch noch so gering, zeigt sich der Seele durch das Erleben dieser beiden urbildlichen Gefühle an; es sind Furcht und Scham.

Furcht in all ihren Variationen; als Furcht vor dem Tode, vor dem Alleinsein, vor dem Eingeschlossen-Sein in einen Raum; als Furcht vor dem herankommenden Unglück, als Furcht vor Hunden, Schlangen; als Furcht vor dem Besteigen eines Fahrzeuges; als Furcht vor einer begangenen Tat, derer man sich gar nicht bewusst ist.

Scham mit all ihren Folgen; Scham vor dem Angesprochen-Werden, Scham vor dem Erscheinen-Müssen in einer Gesellschaft; Scham, die als Schüchternheit, und Scham, die als Bescheidenheit auftritt.

Diese beiden Seelen-Erlebnisse sind dauernd als wachsame Hüter am Tor zum Unterbewusstsein postiert. Versucht eine Seelenerregung, von außen oder von innen verursacht, an diesem Tor zu rütteln, dann treten diese beiden Hüter als Warner ins bewusste Erfahrungsfeld der Seele.

Obzwar Brüder, sind Scham und Furcht so verschieden wie Tag und Nacht. Die Scham eines errötenden Mädchens und die Furcht eines sich verfolgt glaubenden Schuldigen sind große Gegensätze und dennoch entspringen sie der gleichen Quelle.

Die Erfahrung der Furcht macht uns erstarren. Kälte überkommt uns, das Gefühl von Bedrückung und Gebunden-Sein. Es ist so, als hätte eine unbekannte Macht stählerne Ketten um unsere Brust gelegt und würde uns zusammenschnüren und der Körper wird unfähig, sich vom Fleck zu bewegen. Ein Zittern kann uns überkommen, kalter Schweiß bricht aus, unsere Existenz scheint erfroren zu sein und unser Wille verzaubert.

Das Erlebnis der Scham empfinden wir anders. Das Blut als Wärmewelle steigt in Hals und Wangen hinauf; wir werden schlaff und es ist uns so, als würde alle Kraft uns verlassen. Wir erleben uns ganz hilflos den äußeren Umständen ausgeliefert; schlaff, nicht gestrafft. Wir wünschten in der Hilflosigkeit unseres armen Daseins zu verschwinden. «Ach, wenn nur die Erde sich öffnete, um mich zu verschlingen!»

Der Mensch, den die Furcht plagt, hat den Drang, wegzulaufen, aber er ist wie gefesselt und kann sich nicht fortbewegen. Der sich schämende Mensch möchte zerschmelzen, um so zu verschwinden.

Adam und Eva erfuhren Furcht und Scham, sobald sie vom Baume der Erkenntnis gegessen hatten und ihre Augen aufgetan waren; denn der Grund des Erlebnisses der Scham liegt in dem Wissen «nackend» zu sein. Und dieses Nacktsein wird als Schuld empfunden. Das Empfinden der Nacktheit aber trägt das Wissen in sich, dass wir nicht mehr umhüllt sind, sondern enthüllt. Dass wir uns hier auf der Erde befinden, als Menschen, als Kinder, die von der «Großen Mutter» sich losgesagt haben, und alles dies durch unsere eigene Schuld, unser Versagen geschehen ist. Alle diese unbewusst-bewussten Erfahrungen liegen als Gefühlsbündel hinter dem Scham-Erlebnis. Wir werden schamrot und in diesem Erröten versuchen wir, wenn auch nicht sehr erfolgreich, unsere Nacktheit zu verstecken. Deshalb heißt es in der Genesis:

> Da wurden ihrer beiden Augen aufgetan und sie wurden gewahr, dass sie nackt waren und flochten Feigenblätter zusammen und machten sich Schürzen.

Vorher aber, ehe der Sündenfall beschrieben wird, heißt es:

> Und sie waren beide nackt, der Mensch und sein Weib, und schämten sich nicht.

Die Scham in Adam und Eva aber verwandelt sich in das Erlebnis der Furcht, wenn der Richter für die begangene Schuld vor ihrer beider Augen erscheint:

> Und sie hörten die Stimme Gottes des Herrn, der im Garten ging, da der Tag kühl geworden war. Und Adam versteckte sich mit seinem Weibe vor dem Angesicht Gottes des Herrn unter den Bäumen des Gartens. Und Gott der Herr rief Adam und sprach zu ihm: Wo bist du?, und Adam antwortete: Ich hörte deine Stimme im Garten und fürchtete mich, denn ich bin nackt, darum versteckte ich mich.

Hier nun erklärt Adam als Ursache seiner Furcht die gleiche Empfindung der Nacktheit, die ihn vorher sich schämen ließ. Aber diese Nacktheit der Furcht ist von der der Scham verschieden; denn jetzt erleben Adam und Eva den herannahenden Tod; dies hatte der Teufel ihnen nicht verraten, dass – obgleich sie sehend und damit Gott gleich wurden, sie diese Erkenntnis mit der Münze des Todes zu bezahlen hatten. Nun empfinden sie die Nacktheit ihres Wissens an der Erfahrung des Sterbens, wie sie vorher die Nacktheit ihres von Gott-Getrenntseins an der Erfahrung ihres Neugeborenseins erlebt hatten.

Beide Male, dem Empfinden der Scham sowohl als dem der Furcht, liegt die Erfahrung des Nacktseins zugrunde. Nur ist es die Nacktheit der Geburt, die sich mit Scham umhüllt und die Nacktheit des Todes, die sich mit Furcht umkleidet. Beide Formen der Nacktheit sind Erlebnisse, die dauernd im Grenzgebiet, das zwischen Bewusstem und Unbewusstem liegt, erfahren werden. Ihre Grundlagen sollten nicht nur mythologisch, sondern auch physiologisch und psychologisch erkannt werden; dann können Einsichten in das noch so unbekannte Gebiet von Furcht und Scham gewonnen werden.

II.

Die Unsicherheit und Unentschlossenheit der modernen Psychologie und die in der Psychoanalyse sich ergebende Sucht, alles Mögliche durch alles Mögliche zu deuten, das heißt jedes Seelenerlebnis durch hundert verschiedene Symbole zu interpretieren, liegt an der Unfähigkeit der heutigen Wissenschaft vom Menschen, körperliche Vorgänge mit psychischen Erfahrungen korrekt zu koordinieren. In Flanders Dunbars Standardwerk *Emotions and Bodily Changes*[22] werden 2400 Bücher und Abhandlungen aufgezählt, die alle von psychosomatischen Vorgängen handeln. Es werden eine gewaltige Menge von medizinischen Erfahrungen registriert, ohne dass die geringste Möglichkeit besteht zu erklären, wie in Wahrheit Psyche und Soma aufeinander wirken und in welcher Art seelische Vorgänge auf körperliche Zustände und umgekehrt Einfluss haben.

Wenn wir in diesem Buche nach Hinweisen suchen, welche die Erfahrungen von Furcht und Scham beschreiben, dann finden wir nichts. Auch über die Lokalisation dieser beiden Seelenerlebnisse im Bereich des Körpers ist nichts bekannt und dennoch wäre es wichtig, ihren Spuren nachzugehen.

Nun hat Rudolf Steiner immer wieder darauf hingewiesen, dass wir in unserem physischen Leib zwei verschiedene Bereiche unterscheiden lernen müssen: Das Reich der Nerven und das Reich des Blutes.[23] Das Blut ist der immer fließende Strom und der Nerv die immer ruhende Form. Das Blut ist die Flüssigkeit, die im dauernden Abbau und Wiederaufbau ihr Dasein findet. Die kurze Lebensdauer der Erythrozyten (40 Tage) ist eine hervorstechende Eigenschaft dieses «besonderen Saftes». Der Nerv hingegen, ob es sich um Zelle oder Faser handelt, bleibt für die Dauer des Lebens, wenn einmal aufgebaut, fast ohne Veränderung bestehen.

Flammend rot ist die Farbe des Blutes; blassgelb die Tönung der Nerven. Die Natur des Blutes ist die Wärme, während die Kühle den Nerven zugeordnet ist. Seinen Mittelpunkt hat das Blut in dem dauernd schlagenden Herzen, aus dem es fließt und zu dem es zurückkehrt. Der Nerv aber hat seinen Ruhepunkt im Gehirn und Rückenmark, aus dem die millionenfache Vielzahl der Nervenfasern entspringt. Das Blut ist ein unaufhörliches Kontinuum; der Nerv eine im Raum verankerte feste Struktur.

In die Schädelkapsel und den Rückgratskanal eingeschlossen sind die Zentralorgane der Nerven. Das Gehirn sowohl als das Rückenmark haben sich in die feste Burg dieser beiden Knochenhöhlen zurückgezogen und sich damit von der übrigen Leibesstruktur isoliert. Imaginativ betrachtet erscheint das so, als wäre das Zentralnervensystem ein vom übrigen Leib abgehobener und verselbstständigter Organbereich; ein zweiter Leib im physischen Körper.

Das Blut verhält sich anders; sein Zentralorgan, das Herz, hat sich gerade in das Zentrum des Leibes hineinbegeben und verbindet sich mit ihm in stetigem Geben und Nehmen. Es unterliegt wohl keinem Zweifel, dass diejenigen Seelenerfahrungen, die mit dem Tagesbewusstsein verbunden sind, ihre körperliche Grundlage in den Elementen des Nervensystems haben.

Unsere Sinnesempfindungen, unser Gedankenleben und die ins Bewusstseinsfeld hinaufreichenden Gefühle wie Antipathie und Sympathie und unsere Entschlüsse, die zu Handlungen führen, sie alle sind mit der Nervenstruktur verbunden. Je tiefer wir in das Tierreich hinuntersteigen, umso weniger zentralisiert erscheint der Nerven-Apparat zu sein und wir dürfen mit Berechtigung schließen, dass im wirbellosen Tier das Bewusstsein selbst noch im tiefen Dämmerdunkel liegt; erst die progressive Cerebration, die sich durch die aufsteigende Tierreihe hindurch vollzieht, erschafft allmählich, im Laufe der Evolution, das Feld des hellen Bewusstseins.

Nun ist aber dem Zentralnervensystem ein anderer Nervenbereich vorgelagert: die Lebensnerven (L.R. Müller). Die Gesamtheit der sympathischen und parasympathischen Fasern mit all ihren Ganglien und Fasern ist diesem Zentralnervensystem nicht zu- sondern beigeordnet. Anders als die im Gehirn und Rückenmark zentralisierten Nerven, tauchen die Lebensnerven in alle Organe ein; sie versorgen Lunge und Herz, Darm und Niere, Blutgefäß und Speicheldrüsen, Haut und Bindegewebe. Es ist bekannt und zweifellos richtig, was auch klinische und experimentelle Erfahrungen in vielfacher Art bestätigen, dass die «Lebensnerven» den Ablauf aller vegetativen Prozesse im Leibe beeinflussen: Die Schlagzahl des Herzens, die Schnelligkeit der Lungenatmung, die Menge der Urinproduktion, den Spannungszustand der Blutgefäße, den Tonus der willkürlichen und glatten Muskulatur usw. Kaum erscheint ein Erlebnis dieser Vorgänge im Wachbewusstsein. Wir haben ein dumpfes Empfinden unserer Lebensgefühle (Lebenssinn), ein mattes, kaum erscheinendes Empfinden des Verdauungsvorganges, eine instinktive Wahrnehmung unserer Körperstellung, aber die zu diesen Erlebnissen hinführenden Vorgänge selbst liegen für unser Bewusstsein im Tiefschlaf.

Um zu einem wirklichen Verständnis der Tätigkeit des vegetativen Nervensystems zu kommen, müssen wir folgende Betrachtung anstellen: Dem zentralen Nervensystem (Gehirn und Rückenmark) kommt im Gang der Evolution die Aufgabe zu, das Bewusstseinsfeld zu immer größerer Klarheit sich entfalten zu lassen. Damit kommt es zu einem immer stärker werdenden Einfluss der durch die oberen Sinne vermittelten Eindrücke; d.h., die durch Auge und Ohr sich ergebenden Sinneserlebnisse und die damit zusammenhängenden Denk- und Vorstellungsakte treten stark in den Vordergrund. Dagegen müssen die aus dem eigenen Leib erfließenden Empfindungen (Wohl- und Missbehagen, Gier, Begierden, Lust und Schmerz) mehr und mehr in den Hintergrund gedrückt werden. Alles, was aus dem Bereich des Leibes, aus der Welt der Organe und ihres Lebens ins Bewusstsein eindringen will, muss einer dauernden Prüfung und Sichtung unterliegen, sodass die einströmende

Umwelt nicht unentwegt von der sich breit-machen-wollenden Innenwelt der Organ-Empfindungen überwältigt wird.

Diese Hürden-Organisation, die zu einer vollständigen Hemmung des Organ-Empfindens führen kann, ist das autonome Nervensystem. Es ist als eine doppelte Sperrvorrichtung, als Sympathikus und Parasympathikus, dem Zentralnervensystem vorgelagert. Es hindert dadurch, besonders durch die spezielle Struktur der vielfach eingeschalteten Ganglien, den Durchbruch der Organempfindungen in den Bereich des Tagesbewusstseins.

Damit aber entsteht die Frage: Welches ist die Erfahrungswelt, die als Organ-Empfindung ins Wachbewusstsein nicht eindringen darf?

Innerhalb der Leibesorgane fließt dauernd das Blut. Es breitet sich in ihnen aus und zieht sich aus ihnen zurück. Und es ist die Welt des Blutes innerhalb der Organe und Gewebe, die vom Feld des Bewusstseins ferngehalten werden muss. Das sympathische Nervensystem hält die Erlebniswelt des gesamten Blutes davor zurück, dauernd in unser Bewusstsein einströmen zu können.[24] Im Ozean des Blutes aber finden wir die Gesamt-Welt unseres Unbewussten. Mit dem Leben des Blutes hat sich das uns unbewusste Reich unserer Seele verbunden und bleibt während der Dauer unseres Lebens auf Erden damit verankert. Es ist also die Menschenseele mit einem Großteil ihrer Existenz, dem Unbewussten, dem Blute verbunden; ein anderer Teil des Seelendaseins aber ragt hinauf in das Reich bewusster Erfahrungen und ist dort mit dem Nervensystem, das als Gehirn sich vollendet hat, verknüpft.

Im Bereich des Unbewussten, das ans Blut gebunden ist, lebt alles das, was die analytische Psychologie als «kollektive Psyche» bezeichnet. Dort finden wir die Urbilder mit all ihren mannigfachen Verzweigungen. Uns unbekannt, west dort der grandiose Reichtum unseres Seelenseins. Dort urständet die Welt der Mythologie und Sage, des Märchens und der Musik. Die große Bilderwelt, mit der das Seelenleben der Kinder erfüllt ist, hat dort ihre Wurzel. Die zahlreichen Studien, welche die analytische Psychologie dem Seelenleben der Kinder widmete, haben diesen Tatbestand erhärtet und erwiesen. Daher schreibt Michael Fordham in der Einleitung zu seinem bekannten Buch:[25]

> Die Grundidee, die hinter diesem Buch steht, ist die, zu zeigen, dass das Kind sein Leben beginnt mit einer Seele, die ihm nicht bekannt ist, durch die es aber allmählich heranwächst und sein Bewusstsein entwickelt.

Dieses Versprechen hält auch Dr. Fordham, aber niemals wagt er die Frage zu stellen: «Woher kommt diese Seele, mit der wir alle unser Leben beginnen?»

Bis zu diesem Punkt kann die analytische Psychologie gehen, aber sie hat nicht den Willen und wohl auch nicht die Möglichkeit, die Frage nach der Realität der Seele zu stellen. Denn die Leibesorganisation, die sichtbar und fassbar ist, kann von allen beobachtet werden. Die Seele aber ist nur der eigenen Beobachtung zugänglich und kann von allen anderen geleugnet werden. Der Mut der analytischen Psychologie hat die Wahrheit der seelischen Existenz bis ans Tor der Geburt vorgetragen. Wir wissen heute, dass jeder Säugling mit einer gewaltigen Summe von seelischen Vorgängen, Bildern und Emotionen erfüllt ist. Diese seelischen Vorgänge sind für jedes Kind schon individualisiert, besonders und speziell.

Und daraus gibt es nur eine einzige Folge: Dass während der Embryonalentwickelung die Seele schon in intime Beziehung zu der sich bildenden Leibesorganisation tritt, und dass um die Zeit der Geburt und während der ersten Jahre der Kindheit diese Vereinigung von Leib und Seele eine immer engere und intimere wird. Dieser Vorgang aber ist ein zweifacher: Denn die Seele verbindet sich sowohl mit dem Blut als auch mit den Nerven. Der Teil des Seelenseins, der in das Blut eintaucht, wählt den Weg in das «Reich der Mütter», in das Feld des Unbewussten. Es stirbt die Seele in das Meer des Blutes. Der andere Seelenteil aber vereint sich mit dem Nervensystem und wird durch es hindurch so geboren, dass das Tagesbewusstsein allmählich errungen wird. In der Burg des

Gehirns erwacht die Seele zum Tagesbewusstsein. Diese beiden Prozesse, das Sterben ins Blut und das Geborenwerden im Nerven erfüllen die ersten Jahre der Kindheit, und davon soll nun gesprochen werden.

III.

Besser noch als die analytische Psychologie haben die Kindheitserinnerungen bedeutender und unbedeutender Menschen unser Wissen vom Seelenleben des kleinen Kindes bereichert. Deshalb seien hier eine kleine Auswahl dieser Selbstberichte dargeboten.

Der große Afrikaforscher H. M. Stanley schreibt in seinem Buch *Mein Leben*[26]:

> Bis zu einem bestimmten Zeitpunkt, Anfang der Vierziger liegt noch alles für mich in tiefem Dunkel. Dann, als ich eines Tages vom Schlaf erwachte, dämmerte plötzlich ein Bewusstsein für eine kurze Spanne Zeit in meinem Geiste auf. Ein unerklärliches Murmeln ertönte um mich herum, ein Licht blitzte über den Geist hin, und ich trat ins Dasein ein. In welchem Alter ich diese matten, aber unauslöschlichen Eindrücke empfing, kann ich nicht erraten. Es muss ein Zustand hilfloser Kindheit gewesen sein, denn mir ist, als habe ich darauf eine lange Traumzeit durchlebt, voller unsagbar undeutlicher Erlebnisse, Empfindungen und Handlungen, die, ob auch unerklärlich, doch schattenhafte Spuren in meinem Gedächtnis zurückließen. Während solch niedriger Daseinsstufe war es mir nicht möglich, zwischen Traum und Wirklichkeit zu unterscheiden. Ich meine, eine weiße Zimmerdecke und einige Querbalken mit daran befestigten Haken zu sehen; weiter ein rotes, rundliches Menschengesicht und die Krause einer Haube mit einem Ende hellen Bandes; aber ehe es mir gelingt, die Bedeutung des Geschehenen zu erfassen, bin ich wieder ins Unbewusstsein zurückgesunken.

> Nach einem unmessbaren Zeitraum scheinen die Geisteskräfte wieder zu erwachen, ich unterscheide Töne und bin mir bewusst, dass ich sehen, hören und fühlen kann und in der Wiege liege. Sie steht dicht an einer hölzernen Stiege und meine Augen gleiten an ihr hinauf und wieder herunter; eine Stubenfliege kommt mir zu Gesicht und dann noch eine und ihr Surren und Fliegen fesselt meine Aufmerksamkeit. Jetzt tritt eine Frau herzu, hebt mich in ihren Armen empor und von großer Höhe überblicke ich meine Welt ... Dann folgt ein Übergang in einen andern Zustand bewussten Seins, in dem ich Flügel zu haben, bis zum Dach einer hohen Halle hinaufzuschweben und von Ecke zu Ecke zu segeln scheine, wie eine auf Kundschaft ausfliegende Hummel; und wie das Dach sich auf einmal weit auftut, schwinge ich mich hinaus, mit ausgebreiteten Flügeln, froh und frei, um etwas später wieder in meinem Wiegennestchen am Fuß der Holzstiege aufzutauchen.

In den Lebenserinnerungen besonderer Menschen finden sich oft in der frühen Kindheit die Augenblicke, in denen das erste Aufdämmern einer bewussten Umwelt-Erfahrung festgehalten und erinnert wird. Diese Augenblicke sind gleich Inseln im Zeitenmeer der frühen Kindheit. Dieses Zeitenmeer aber ist erfüllt von Träumen und Bildern, die allmählich und langsam von diesen Inseln zurücktreten. Dann steigen diese Inseln, jede einzeln, aus dem Traum-Meer der Seele auf, fließen zusammen und werden zu dem, was als Tagesbewusstsein sich gebiert.

Der große Dichter Adalbert Stifter beschreibt das in folgender Art:[27]

> Weit zurück in dem leeren Nichts ist etwas wie Wonne und Entzücken, das gewaltig fassend, fast vernichtend in mein Wesen drang und dem nichts mehr in meinem künftigen Leben glich. Die Merkmale, die festgehalten wurden, sind: es war Glanz, es war Gewühl, es war unten. Dies muss sehr früh gewesen sein, denn mir ist, als liege eine hohe weite Finsternis des Nichts um

> das Ding herum. Dann war etwas anderes, das sanft und lindernd durch mein Inneres ging. Das Merkmal ist: es waren Klänge. Dann schwamm ich in etwas Fächelndem, ich schwamm hin und wieder, es wurde immer weicher und weicher in mir, dann wurde ich wie trunken, dann war nichts mehr. Diese Demi-Inseln liegen wie feen- und sagenhaft in dem Schleiermeer der Vergangenheit, wie Urerinnerungen eines Volkes. Die folgenden Spitzen werden immer bestimmter, Klingen von Glocken, ein breiter Schein, eine rote Dämmerung. Ganz klar war etwas, was sich immer wiederholte. Eine Stimme, die zu mir sprach, Augen, die mich anschauten, und Arme, die alles milderten. Ich schrie nach diesen Dingen. Dann war Jammervolles, Unleidliches, dann Süßes, Stillendes. Ich erinnere mich an Strebungen, die nichts erreichten, und an das Aufhören von Entsetzlichem und Zugrunderichtendem. Ich erinnere mich an Glanz und Farben, die in meinen Augen, an Töne, die in meinen Ohren, und an Holdseligkeiten, die in meinem Wesen waren. Immer mehr fühlte ich die Augen, die mich anschauten, die Stimme, die zu mir sprach, und die Arme, die alles milderten. Ich erinnere mich, dass ich das Wort Mam nannte ... Hierauf erhob sich die Außenwelt vor mir, da bisher nur Empfindungen wahrgenommen worden waren.

Hier wird in einzigartiger Weise beschrieben, wie bei der allmählich sich vollziehenden Geburt der Seele durch den Nerven-Sinnes-Prozess der Strom des Lebens überschritten wird. Unsere Seele tritt in das Haus des Leibes ein und taucht allmählich in die Organe unter. Die Seele senkt sich in das Blut, aber sie erwacht auch an den Nerven und diese beiden Erfahrungen sind voneinander völlig verschieden. So verschieden wie Geburt und Tod.

Unser Sterben ins Blut hinein bringt uns die Erfahrung des Vergessens. Alles, was die Seele vor der Geburt gewusst hat, verschwindet ins Nichts. Einstmals lebten wir in einer Welt, die jenseits des Raumes war;

nun müssen wir in den Zeitstrom des Blutes versinken. Und allmählich taucht ein Teil unserer Seele aus diesem Zustand des Ertrunkenseins auf und ergreift die Welt, die sich uns durch die oberen Sinne erschließt. Dieses Erwachen sind unsere ersten Erinnerungsinseln.

Die Erfahrung der Seele beim Untertauchen in das Meer des Blutes ist das Todeserlebnis der frühen Kindheit. Das Aufdämmern des Bewusstseins am Sinnes-Nerven-Prozess ist das Geburtserlebnis der frühen Kindheit. Beide Erlebnisse sind unmittelbare Erfahrungen der Seele beim Prozess der Inkarnation. Und das Kind hört nicht von außen etwas über Geburt und Tod, sondern weiß von Tod und Geburt aus eigener, innerer Erfahrung. Diese beiden Erlebnisse aber sind von zwei Empfindungen begleitet. Die Geburt der Seele in die Sinneserfahrungen ist immer mit Scham verbunden. Diese Scham ist die Begleiterin der Seele bei jedem Kenntnis- und Erkenntnisakt. Dieses ist für die Seele: Geburt; die Scham aber ist ihr Begleiter. Der Tod in das Blut aber ist von Furcht geleitet. Sie ist die Beigabe der Seele, wenn sie vor dem Tor des Todes steht und für die Seele heißt das: Vergessen, Weggang, Verlassensein, Zerstückelung.

Das Kind baut seine ersten Erlebnisse zwischen den beiden Säulen Furcht und Scham auf. Die Seele ertrinkt im Blute, um damit den Zeitlauf der Erde zu erfahren. Im Blute geht die Seele mit den Umdrehungen der Erde mit, erlebt der Erde Gang durch den Weltenraum. Die dabei erfahrenen Seelenbilder bleiben im Unbewussten befangen, aber geben uns die innere Stärke, uns als Bürger des Alls und der Erde zu empfinden. Was Kant als das «moralische Gesetz in mir» bezeichnet, hat dort seine Quelle. Im Erfahren der Sinneswelt aber erwacht die Seele in dem durch das Licht gestalteten Raum und erlebt dieses Erwachen im Zusammenhang mit der Empfindung der Scham.

Die beiden Welten aber, Blut und Nerv, Unbewusstes und Bewusstheit müssen sich allmählich voreinander verschließen und Furcht und Scham treten ihre Hüterfunktion an.

Die Furcht steht vor dem Tor auf der Seite des Tagesbewusstseins.

Sobald das Bewusste in das Reich des Unbewussten durchzubrechen versucht, erhebt sich die Furcht und das Bewusstsein erschrickt, formt sich und lässt ab von dem Willen, dem Unbewussten zu begegnen.

Die Scham steht auf der anderen Seite dieses Tores, im Reich des Unbewussten. Wenn dieses nach oben durchzubrechen versucht, stellt sich die Scham ihm in den Weg. Die Furcht wohnt in den Nerven und die Scham wohnt im Blute. Sucht das Blut die Nerven zu bedrohen, ersteht die Scham als Warner; will der Nerv das Blut überwinden, zeigt sich die Furcht.

IV.

In der realen Bilderwelt der Märchen tritt das Wissen von dieser Zweiheit am Anfang der Inkarnation immer wieder auf. Da wird in vielerlei Form das Erlebnis der Seele, die sich mit dem Leibe um die Zeit der Geburt zu verbinden hat, in imaginativer Art beschrieben und dort, wo das Märchen von zwei Kindern spricht, von «Hänsel und Gretel», von «Brüderchen und Schwesterchen», von «Jorinde und Joringel», wird die oben besprochene Doppeltheit der Seele belauscht.

In *Hänsel und Gretel* treten die beiden Kinder ihren Weg in den dunklen Wald an; die beiden Seelenkräfte, die zum Nerv und zum Blut hinstreben, finden ihren Weg ins Erdenland. Am Hexenhaus angekommen, nähren sie sich zuerst fröhlich und unbesorgt von dem Lebkuchen des Daches und dem Zucker der Fenster. So naht sich die Seele dem ihr zugeordneten Leib, bis dann plötzlich die Hexe heraustritt, so wie einst Gott-Vater vor Adam und Eva erschien. Jetzt werden die beiden Kinder in verschiedener Art verwendet. Hänsel wird in den Gitterkäfig des Hauptes gesperrt und wird reichlich genährt mit den Sinneseindrücken der Umwelt; das sind die guten Speisen, die ihm von Gretel zubereitet werden. Gretel aber hat nur «Krebsschalen» zu essen und muss im Leibeshause arbeiten. Dann aber kommt der Tag, da beide aus dem Gefängnis der Hexe, der Einkerkerung in die Sinneswelt sich befreien können und beladen mit den Schätzen der Hexe, das sind die vielfältig reichen Erfahrungen der Seele im Erdenland, wieder in das Haus ihres Vaters zurückkehren können.

In *Brüderchen und Schwesterchen* wird das Gleiche auf andere Art geschildert. Der Bruder, den nach einem Trunke dürstet, erliegt seinem Verlangen und wird in ein Reh verwandelt; so ertrinkt ein Teil der Seele im Meer des Blutes. Die Schwester aber zieht mit ihm in das Häuschen im Walde und wieder ist das Haus das ewige Bild für den Leib, in welchen die beiden Seelenkinder einzutreten haben. Hier ist die Schwester der Teil der Seele, der allmählich zum Bewusstsein erwacht und das Märchen drückt das in den folgenden Worten aus: «Da ging die Türe auf, und der König trat herein, und da stand ein Mädchen, das war so schön, wie er noch keins gesehen hatte.» Der König aber ist das im Bewusstsein erwachende Selbstbewusstsein. Es sind die Geisteskräfte, die im bewussten Teil der Seele erstehen können, um uns zu höheren Erfahrungen hinzuführen; Erfahrungen, die jenseits der Sinneserlebnisse liegen. Deshalb folgt jetzt das Mädchen dem König auf sein Schloss. Dort wird Hochzeit gehalten, die Hochzeit der Seele mit dem Geist. Der Bruder aber muss so lange ein Reh bleiben, bis die Schwester die Prüfungen und Proben durchlitten hat, die den Weg zur höheren Erkenntnis begleiten.

So zeigt *Hänsel und Gretel* das Leben des Menschen, wie es meistens verläuft; *Brüderchen und Schwesterchen* aber erzählt das Leben desjenigen Menschen, der nach höherer Erkenntnis strebt.

In diesen Märchen wird die Wahrheit über die Menschenseele ausgesagt. Sie führt hier auf Erden ein zweifaches Dasein. Ein Teil ist das Tagesbewusstsein, der andere das Unbewusste. Obwohl sie voneinander getrennt sind, gehören sie so zueinander wie zwei Liebende. Nur der Weg zueinander ist ihnen versperrt. Sie erscheinen überall wieder; als Romeo und Julia, als Hero und Leander, als Jorinde und Joringel. Und ob die Dichter oder die Mythen von ihnen erzählen, oder ob die moderne Medizin von der Blut-Liquor-Schranke spricht, es ist immer das gleiche. Nerv und Blut müssen in ihrer Leibeserscheinung getrennt bleiben. Dringt das Blut in den Nerven, erfolgt Krankheit in ähnlicher Art, als wenn der

Nerv das Blut überwindet. Das Erstere führt z. B. zur zerebralen Blutung, das zweite zum Symptom-Komplex der Sklerose. Auch darf der bewusste Teil der Seele nicht vom Unbewussten überfallen werden. Geschieht es, dann entstehen alle Zustände der Manie und umgekehrt, wenn der bewusste Teil das Unbewusste überwindet, fällt die Seele in den Zustand der Melancholie. Das zirkuläre Irresein hat hier seine Wurzel.

V.

Wenn die Seele des Kindes während der ersten Jahre nach der Geburt allmählich diese innere Erfahrung von Geburt und Tod erworben hat, so gehört dies zu einem unmittelbaren Erkenntnisschatz, der von nun an dem Kinde zur Verfügung steht. Das Kind kennt aber aus eigenem innerseelischem Erleben das Sterben ins Blut sowohl als die Geburt durch die Nerven. Und, überall, wo das Kind in Berührung mit der Umwelt tritt, wendet es diese Erfahrungsresultate an. Daher ist es gar nicht überraschend, dass Thomas die folgenden Erfahrungen mitteilt:[28]

> Bei der Betrachtung unserer Ergebnisse waren wir verblüfft, zu sehen, wie oft gerade ein Gegenstand, der gerade unseren Geschichten ganz ferne lag, von den Kindern aufgegriffen und verwendet wurde; das war der Tod, der bei 66 Prozent der Kinder entweder in ihren Träumen oder in ihren Phantasien erschien.

Das heißt also, dass zwei Drittel der Kinder, die aufgefordert wurden, eine angefangene Geschichte aus sich selbst heraus zu Ende zu erzählen, in diesem Versuch auf Tod und Sterben, Töten und Scheiden Bezug nahmen. M. Thomas ist von diesem ihr gänzlich unerwarteten Ergebnis «ganz frappée», obwohl sie als Kinderpsychologin hätte wissen können, dass der Tod im Phantasie- und Gedankenleben der Kinder eine außerordentlich große Rolle spielt. Darum ist es auch so absonderlich, wenn immer wieder Lehrer und Ärzte den Eltern anraten, ihren Kindern keine gruseligen Märchen zu erzählen; oder Tod und Sterben vor dem Kinde nicht zu erwähnen. Ob wir das tun oder lassen, das Kind weiß aus eigener unmittelbarer Erfahrung zumindest so genau Bescheid über den Tod wie wir selbst. Seine Seele ist gleich der unseren in das Meer des Blutes hineingestorben und die damit verbundenen Gefühle des Schmerzes und Schauderns sind ihm bekannt.

In ihrem interessanten Buch schreibt Sylvia Anthony:[29]

> Wie denkt denn eigentlich das Kind über den Tod, wenn in seiner Familie es wirklich zu einem Todesfall gekommen ist? Da könnte es so sein, dass das Wort Tod überhaupt nicht erwähnt wird, aber die Schuldidee wird im Kind erwachen und oft das Gedankenleben des Kindes mit großer Macht ergreifen. Dann wird das Kind Furcht vor dem Eingesperrt-Werden haben, und es wird ein Unglück, das es selbst oder einen ändern befällt, als Strafe ansehen und überzeugt davon sein, dass es ein Verbrechen begangen hat, ohne zu wissen, was dieses Verbrechen wohl wäre.

Hier scheint ganz offensichtlich mit dem Erlebnis des Todes das Gefühl der Schuld verknüpft zu sein. Denn es ist derselbe Tod und die gleiche Schuld, von der schon Adam wusste, als am Abend des Sündenfalltages Gott von ihm Rechenschaft forderte. Dies ist in jede Menschenseele eingegraben und kommt in jeder Menschenseele, ob Kind oder Erwachsener, im Angesicht des Todes zum Vorschein.

So schreiben auch D. und R. Katz in ihren «Conversations with Children»:[30]

> Wir haben alles versucht, um von unseren Kindern die Idee des Sterbens von Menschen fernzuhalten, und wir haben den Eindruck, dass die meisten Eltern sich dieser Zurückhaltung befleißigen. Nun ist es wahr, dass in den Märchen viel vom Totschlagen, zu Tode verbrennen die Rede ist, aber das Kind begreift

> eigentlich nicht, was damit gemeint ist. Für das Kind bedeutet der Tod im Märchen wahrscheinlich nicht mehr, als ‹nicht-mehr-spielen-können›, das heißt das nicht mehr Vorhandensein der betreffenden Person. Auch unsere Kinder sprachen in ihren Spielen recht oft über Ermorden und Erschießen, aber nur in diesem eben erwähnten oberflächlichen Sinne.

Sylvia Anthony, die diese Aussage zitiert, fügt aber hinzu:

> Aber nur der letzte Satz bekundet das tatsächliche Verhalten der Kinder. Was auch immer der Tod für sie bedeutet haben mag, er war sicher nicht unbekannt ihrem Gedankenleben.

Und das ist eine richtige Aussage. Das Kind hat ein inneres Verständnis für den Tod und für alles, was damit verbunden ist; denn es hat den Tod erfahren als jene Gewalt, durch die es hier auf Erden am Leben sein kann.

Nun soll noch aus einer anderen Selbstbiographie etwas erwähnt werden, was in dieser Hinsicht äußerst erhellend ist. In ihrem Buch *Aus meinem Jugendland* schreibt die Dichterin Isolde Kurz:

> In die gleiche Zeit fiel eine andere erschütternde Entdeckung. Ich sah eines Tages durchs Fenster eine Schar schwarzgekleideter Männer vorübergehen und einen mit schwarzem Tuch verhüllten Gegenstand tragen, der mir wie ein großer Koffer erschien. Der Anblick berührte mich peinlich, und Christine, unser neues Kindermädchen, sagte auf meine Frage, das sei eine Leiche, mit der die Leute auf den Kirchhof gingen. – Was ist eine Leiche? fragte ich mit Widerwillen, denn ich hatte das Wort noch nie gehört und es klang mir fremd und unheimlich. Sie antwortete, das sei ein toter Mensch. Ich wunderte mich, dass auch Menschen sterben sollten, denn ich hatte gemeint, das sei ein übler Zufall, der nur Vögel,

Hunde, Katzen und solches Getier betreffe. Christine wollte mich auf andere Gedanken bringen, aber nun ließ ich nicht mehr los, sondern stürzte zu meiner Mutter: Ist es wahr, dass Menschen sterben müssen? Ja, es ist wahr, die Menschen sterben. – Aber doch nicht alle, Mama? – Ja, Kind, alle. – Ein schwarzer furchtbarer Abgrund ging vor mir auf, der alles verschluckte. Niemand, niemand kann mir helfen, ganz allein stehe ich dem Furchtbaren gegenüber – dem Tod! Dabei war mir zumute, als befände ich mich in einem langen, engen Gang, wo kein Entrinnen, keine Umkehr möglich, und am Ende des Ganges, da wartet es auf mich, das Rätselhafte, Unbegreifliche.

Hier ist eine typische Erzählung über die Wiederentdeckung des Todes in der frühen Kindheit. Diesem Kinde ist der Tod nicht etwas Neues, es scheut sich nur, sein Wissen in das Bewusstsein heraufzuholen. Obwohl es den Anblick des Sarges nicht deuten wollte, wusste es genau, was es ist. Noch wollte es unterdrücken, was das Unbewusste ihm zuraunte, und deshalb musste das Kindermädchen die Aussage machen, die das Kind zu tun sich fürchtete. Niemals würde das Kind die Wucht seines Erlebnisses verstanden haben, wenn es nicht von vornherein gewusst hätte, was der Tod in Wahrheit ist: Vergessen, Auflösung, Trennung. Denn:

Wär' nicht das Auge sonnenhaft,
Wie könnte es das Licht erblicken?

So ist es abgewandelt für das kindliche Seelenleben:

Wär' nicht der Tod von mir erfahren,
Wie könnt' ich seine Macht erahnen?

In allen möglichen Gestalten kann das Todeserlebnis in die kindliche Erfahrungswelt eintreten. So schreibt zum Beispiel der Dramatiker

Friedrich Hebbel in *Meine Kindheit,* das eine wahre Fundgrube für jeden Psychologen ist:

> Ich konnte keinen Knochen sehen und begrub auch den kleinsten, der sich in unserem Gärtchen entdecken ließ, ja ich merzte später in Susannes Schule das Wort Rippe mit den Nägeln aus meinem Katechismus aus, weil es mir den eklen Gegenstand, den es bezeichnete, immer so lebhaft vergegenwärtigte, als ob er selbst in widerwärtiger Modergestalt vor mir läge.

Hier erlebt das Kind aus dem Unbewussten heraus, dass der «Knochenmann» in unserem Leib jener Teil ist, der dauernd das Blut neu erzeugt und dort hinein ist ein Teil der Seele gestorben. Deshalb wird Tod und Knochen, Tod und Rippe, wie ganz selbstverständlich identifiziert und so behandelt, dass es nicht existieren soll; Knöchelchen werden begraben und sogar das Wort Rippe wird ausgemerzt. Das aber kann nur geschehen, wenn dem Kinde die wahre Bedeutung des Todes wirklich bekannt ist.

Viele andere solcher Zitate, Aussagen von Kindern und Geschichten könnten hier angeführt werden. Ich glaube aber, dass das Vorgebrachte genügt, um zu zeigen, dass auch das kleine Kind ein unmittelbares Wissen von der Gewalt des Todes aus eigener Erfahrung besitzt.

VI.

Zum Schluss dieser Untersuchungen haben wir uns noch mit den beiden Empfindungen Furcht und Scham, welche als Begleiter des Todes sowohl wie des Geburts-Erlebnisses des Kindes erkannt würden, auseinanderzusetzen. Wir fanden als Wohnplatz der Furcht das Gebiet der Nerven, die Träger unseres Tagesbewusstseins; und die Furcht behütet dieses Reich vor seinem Einbruch ins Unbewusste. Als was aber kann Furcht verstanden werden? L. Kanner schreibt:[31]

> Watson studierte als Erster experimentell die Empfindungsreaktionen von Kleinkindern während der ersten Lebensmonate. Er fand, dass sie gleich vom Tage ihrer Geburt an auf eine Gruppe von Situationen so reagierten, dass der Beobachter den Eindruck empfing, es handle sich dabei um ein Anzeichen von Furcht. Plötzliches Anhalten des Atems, ungeordnete Bewegungen mit den Händen, Schließen der Augenlieder, Zusammenkneifen der Lippen und endlich Schreien.

Und weiter unten fährt Kanner fort:

> Die Bedeutung des Ausdrucks Furcht schließt die Idee einer bestehenden oder vorausgeahnten Gefahr in sich, wie auch das Verhalten der Person im Angesicht der Gefahr. Es gibt aber auch andere Reaktionsreihen, welche trotz ihrer Ähnlichkeit mit den Furcht-Reaktionen, hinreichend davon verschieden sind, sodass andere Namen für sie gefunden werden müssten, dazu gehört: Zögern, Scheu, Schreck, Angst, Schaudern usw.

In diesen beiden Feststellungen finden sich zwei Grundeigenschaften der Furcht. Einmal: dass die Furcht wirklich vom ersten Lebenstag des Menschen an als Reaktion vorhanden ist. Und weiter, dass die Furcht eine ganz umgrenzte Ausdrucksform der Seele darstellt, die von ähnlichen Formen wohl unterschieden werden kann. Eben die von Kanner angeführten Formen des Zögerns, der Scheu, des Schreckens, der Angst und des Schauderns, sind die allmählich erworbenen Reaktionen, die im Anblick einer Gefahr auftreten. Die wahre Furcht aber wird nicht durch eine drohende Gefahr zur Auslösung gebracht. Haben wir wirklich einer Situation voll Gefahr und Bedrohung standzuhalten, dann kann das Bewusstsein «den Kopf verlieren» und versuchen, sich ins Unbewusste zurückzuziehen. In diesem Augenblick tritt die Furcht auf, hebt ihre Hand und gebietet uns, unter allen Gefahren uns wach zu halten.

Dann werden wir blass, fangen an zu zittern, halten den Atem an und unsere bewussten Sinnesempfindungen werden zur Höchstleistung gesteigert. Es ist so, als hätte nun der bewusste Teil unserer Seele alle seine Kräfte und Möglichkeiten konzentriert und der Nervenbereich wäre gänzlich zum Instrument des Tagesbewusstseins geworden. Die Ventile zwischen Blut und autonomen Nerven sind dicht geschlossen; eine Einheit zwischen Nerv und Bewusstsein ist völlig erreicht. Der Nerv hat das Tagesbewusstsein ganz eingeatmet. Das ist die wahre Erfahrung der Furcht. Sie ist ein zum Höhepunkt gesteigertes Wachbewusstsein, das den darunter sich beugenden Leib fast zerstört. Wer jemals diese Stufe der Furcht überschritten hat, das heißt nicht verlassen, sondern durchlitten hat, der weiß, dass im Jenseits davon die höhere Erkenntnis zu finden ist.

Anders ist das Erlebnis der Scham. Arthur Mitchell schreibt darüber:[32]

> Allgemein beschrieben, können wir den Seelenzustand, der beim Erröten vorhanden ist, als Verwirrung, die oft sehr ausgesprochen ist, bezeichnen. Übergossen sein mit Verwirrung beschreibt recht drastisch den Zustand des Errötens. Darwin zum Beispiel sagt, dass die Errötenden ihre Geistesgegenwart verlieren und besonders unangebrachte Äußerungen hervorstoßen. Sie sind oft bekümmert, stottern, machen ungeschickte Bewegungen und seltsame Grimassen. Menschen die übermäßig erröten, wissen oft nicht, was sie sagen und erleben sich selbst als töricht und dumm.

Sir Arthur sagt dann weiter:

> Bacon schreibt: ‹Scham verursacht das Erröten und das Niederschlagen der Augen und es ist nicht viel mehr, was über die Ursache und den Charakter des Errötens gesagt werden kann. Hätte ich kurz und knapp den Sinn des Wortes Scham zu definieren, des Wortes, das am besten die Ursache des Errötens bezeichnet, dann

> müsste ich gestehen, dass ich das nicht kann, und dass ich auch niemand gefunden habe, der eine solche Definition liefern kann.›

Das Erlebnis der Scham erzeugt im Leib das seltsame Symptom des Errötens, es führt zum Niederschlagen der Augen und zur Verwirrung der Gedanken. Das sind Kennzeichen, die denen der Furcht entgegengesetzt sind. Während des Zustandes der Furcht werden wir blass, haben die Augen weit aufgerissen und unser Denken ist wie fixiert und ganz klar. Das aber zeigt, dass im Zustande des Schämens das Unbewusste vom Blut sich löst und deshalb schießt das Blut ins Gesicht; dadurch wird unser Bewusstsein leicht verwirrt und verdunkelt und die Augen werden niedergeschlagen, weil die Fassungskraft für die Umwelt vermindert ist. Es ist, als ob der unbewusste Teil der Seele sich in einem Zustand der Ausatmung befindet und damit das Tagesbewusstsein zu überwinden versucht. Oben konnten wir zeigen, dass die Furcht eine Art Einatmung in das Nervensystem darstellt, nun finden wir die Scham als Ausatmungsprozess der Seele. Und wir können jetzt noch einmal die grundlegende psychologische Definition von Furcht und Scham geben. Wenn die Empfindung der Scham auftritt, dann atmet das Blut die Seele zu stark aus; die Empfindung der Furcht aber kommt dadurch zustande, dass der Nerv die Seele zu tief einatmet.

Es ist eine bekannte Tatsache, dass in den Völkern, die wenig bekleidet sind, das Erröten sich fast über den ganzen Körper ausbreiten kann. Nicht nur Hals und Gesicht, sondern auch Brust und Arme und sogar die Oberschenkel können erröten. Das ist ein klares Zeichen dafür, dass Scham ein Zustand der Seele ist, wenn sie sich «nackend», hüllenlos fühlt. Die Seele versucht diese Nacktheit zu verhüllen; sie tut das von innen heraus und errötet den Leib. Dieses Gefühl der Nacktheit hat seine Wurzel in der Empfindung, dass jemand in unserer Umgebung die Fähigkeit hat, unsere Fehler zu sehen und unsere Sünden aufzudecken.

Im Schämen erleben wir unsere eigene Nacktheit, einen Zustand des

Offen-Seins für die Augen der andern. Im Fürchten erfahren wir unsere eigene Schuld und deren Folge als die Notwendigkeit des Sterbens.

So trägt also jede Menschenseele im Erlebnis von Furcht und Scham die letzten Reste der tiefen Erschütterung in sich, welche die Menschheits-Seele erlitt, als sie durch den Sündenfall ging.

Die Folgerungen aus der Ur-Sünde, die in der imaginativen Sprache der Genesis als «Das Essen vom Baum der Erkenntnis» beschrieben wird, werden heute noch immer in jedem von uns als Furcht und Scham erlebt.

Scham ist der Widerhall jenes Welten-Augenblicks, da Adam und Eva ihre Nacktheit entdeckten. Furcht ist der Widerhall des andern Welten-Augenblickes, da beide erfuhren, dass sie mit dem Tode ihr Bewusstsein der Nacktheit zu bezahlen hatten. Durch den Sündenfall bekam die Menschenseele allmählich die Möglichkeit, in das Nervensystem hineingeboren zu werden. Die Augen wurden geöffnet und die Scheinwelt des Erdenumkreises geschaffen; dieses Geburtserlebnis ist von der Scham begleitet, ist aber auch notwendigerweise vom Tode und dem damit verbundenen Furchterlebnis gefolgt.

Scham und Furcht aber können nur dann überwunden werden, wenn die Seele in voller Bewusstheit sich *Dem* verbindet, der durch *Seine* Opfertat den Keim zur Überwindung des Sündenfalles in die menschliche Existenz gelegt hat.

Über den Eintritt des Todes im Tages- und Jahresrhythmus[33]

I.

In der letzten Zeit traten immer mehr Tendenzen in der medizinischen Wissenschaft auf, das Wetter und die Jahreszeiten als signifikante Faktoren für den Eintritt der Krankheit und für die Bedingungen des Krankseins überhaupt anzusehen. Bereits vor etwa einem Jahr ist eine zusammengefasste Monographie über die bisher exakten Erkenntnisse auf diesem Gebiet erschienen, das Buch *Wetter und Jahreszeit als Krankheitsfaktoren* von De Rudder.[34] Seither mehren sich in den medizinischen Zeitschriften die Einzelbeobachtungen auf diesem Gebiet, und hier soll nur eine der vielen bisher bekannten Tatsachen erwähnt werden.

De Rudder gibt in seinem Buch (Seite 93) die Zahl der Sterbefälle an, die 1923 und 24 in Deutschland erfolgten, und zwar so, dass der monatliche Durchschnitt dabei maßgebend ist. Es zeigt sich dabei, dass ein Gipfel der Sterblichkeit in den Monaten Januar, Februar und März vorhanden ist. De Rudder drückt es so aus, dass er sagt: *Die Gesamtmortalität in allen Kulturländern der nördlich gemäßigten Zone weist zum Spätwinter und beginnenden Frühling einen deutlichen Anstieg auf.*

Nun hat auf Grund dieser Angaben Professor Hagentorn in der *Münchener Medizinischen Wochenschrift* vom 22. Juli 1932 in seiner Arbeit über den Zusammenhang von Wetter und Krankheit eine Kurve veröffentlicht, welche die Todesfälle innerhalb der einzelnen Tages- und Nachtstunden aufweist. Hierbei zeigt sich nun, dass ein hoher Sterblichkeitsgipfel in den Frühstunden zwischen 2 und 5 Uhr vorhanden ist. Was Professor Hagentorn dazu zu sagen hat, scheint mir so wesentlich, dass ich es hier zitieren möchte.

Er sagt:

> Schon sehr viel auffälliger ist es, dass auch die Sterblichkeit des Menschen im Frühling, wenn auch im Vorfrühling, ihren Kulminationspunkt erreicht. Man hätte doch annehmen können, dass der Spätherbst, die nach menschlichem Empfinden unzweifelhaft böseste Jahreszeit, den Höhepunkt der Sterblichkeit aufweisen müsste. Das ist jedoch augenscheinlich nicht der Fall. Die Sterblichkeit steigt im Januar-Februar, im biologischen Frühjahr an, und dauert im März-April fort. Eine Erklärung dafür zu geben, ist schwer. Am wahrscheinlichsten scheint die Annahme einer ganz spezifischen Wirkungsweise der Frühlingsluft und unwillkürlich drängt sich der Vergleich mit der Tagesperiodik in dem gehäuften Sterben in den frühen Morgenstunden auf: Nicht im Herbst und Winter und nicht in der Nacht, sondern im Vorfrühling und in den frühen Morgenstunden scheinen die meisten Menschen zu sterben. *Der Frühling bzw. der Vorfrühling wäre also die frühe Morgenstunde des Jahres.*[35]

Hagentorn, der noch einige Sätze vorher der Frühlingsluft eine bestimmte Wirkungsweise für die vermehrten Todesfälle in dieser Jahreszeit vorschreiben will, kommt plötzlich auf die Idee, den Vorfrühling die frühe Morgenstunde des Jahres zu nennen. Warum nun in diesen beiden Zeiten gleichmäßig ein Gipfel der Sterblichkeit zu verzeichnen ist, kann er natürlich nicht angeben, aber er kommt zu dieser wesentlichen Vergleichung und trifft mit ihr den Kern, auf den es ankommt.

Wir wissen erst durch Rudolf Steiner von den grandiosen Vorgängen der Erdenatmung, die sich im Jahreslauf sowohl wie auch im Tageslauf abspielt. Und wir können gar nicht anders, als sagen, dass die Erdenseele, die im Frühjahr ausatmet und die ebenso am Morgen ihren Ausatmungsprozess vollzieht, den Menschen es leichter macht, gerade in diesen Zeiten ihrer Ausatmung zu sterben. Es ist, als nähme sie die Menschenseele, die der Leib im Todesaugenblick ausatmen lässt, auf ihren Flügeln mit und erleichtere ihr den Aufstieg aus dem Erdendasein.

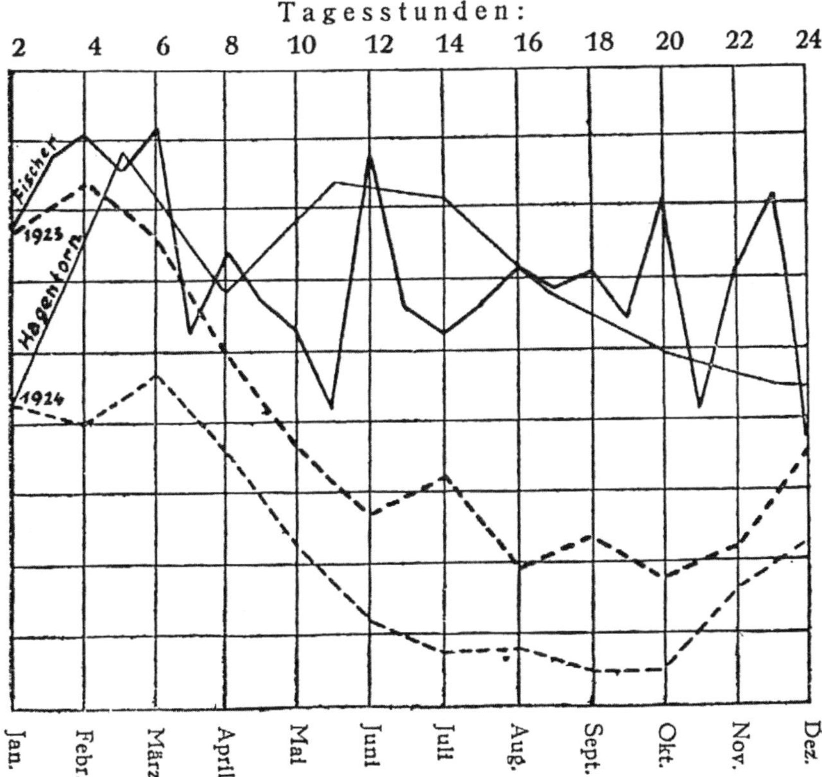

Vergleichende Darstellung der jährlichen und tageszeitlichen Sterblichkeit von Rudder, Hagentorn und Fischer

Hagentorn weist mit Recht darauf hin, dass man eher annehmen müsste, im Herbst eine erhöhe Sterblichkeit zu finden, weil gerade in dieser Jahreszeit eine stark erhöhte Krankheitsbereitschaft vorhanden ist. Er kann es sich nicht erklären, warum gerade in der Frühjahrszeit, wo alles zu leben beginnt, sich die meisten Todesfälle vollziehen.

Im Anschluss an seine Arbeit hat nun Professor Fischer von der Rostocker Universität gleichfalls eine Statistik der tageszeitlichen Todesfälle veröffentlicht.[36] Auch hier findet sich der Gipfel der Kurve in den frühen Morgenstunden zwischen 2 und 6 Uhr und ein zweiter, aber viel kleinerer Gipfel gegen 12 Uhr mittags, der auch von Hagentorn gefunden wurde.

Also auch hier eine Bestätigung der früheren Befunde. Atmet die Erde aus, sei es im Tag oder sei es im Jahr, in den frühen Morgenstunden oder im Frühling, dann führt sie die sich vom Leibe lösen wollende Menschenseele leichter mit in die geistige Welt hinein als in anderen Zeiten. Das zeigen diese Kurven, die ohne ein Wissen von der Erdenatmung unverständliche Linien bleiben müssen. Es wird wesentlich sein, auf derartige Grenzphänomene, die heute in den exakten Wissenschaften auftauchen, immer mehr hinzuweisen, damit an ihnen gerade die Früchte der Ideen Rudolf Steiners sich formen können.

Die Darstellung (S. 107, Tabelle) zeigt das oben Beschriebene als Zusammenfassung aller vorliegenden Statistiken. Der Zusammenhang zwischen der Sterblichkeit über das Jahr und den Todesfällen über den Tag wird deutlich aufgezeigt. Jahres- und Tageszeiten sind aufeinander bezogen. Die jahreszeitlichen Todesfälle sind gestrichelt, die tageszeitlichen durchgezogen dargestellt. Alles andere ergibt sich aus der Betrachtung allein.

II.

Diphterie und Scharlach in ihrer jahreszeitlichen Bedingtheit

In dem oben erwähnten Buch von De Rudder wird auch eine Kurve veröffentlicht, in welcher das Auftreten von Scharlach- und Diphterie-Erkrankungen in den Vereinigten Staaten durch 9 Jahre hindurch angegeben wird. Da zeigt sich ganz deutlich, dass beide Erkrankungen ihre ausgesprochenen jahreszeitlichen Höhepunkte in der Tiefwinterzeit haben. Und zwar so, dass die Diphterie-Erkrankung stets im Dezember, die Scharlach-Erkrankung stets im Januar ihren Höhepunkt aufweist. Beide Erkrankungen haben konstant diesen Höhepunkt und immer so, dass der Scharlach der Diphterie, man könnte fast sagen, auf dem Fuße folgt. Auch ist es so, dass eine gegenseitige Abhängigkeit dieser beiden Erkrankungen voneinander dadurch zum Ausdruck kommt, dass bei einem Abstieg der Diphterie-Erkrankungen eine Erhöhung der Scharlach-Erkrankungen folgt und umgekehrt, bei häufiger Diphterie-Erkrankung ein Nachlassen des Scharlachs zu verzeichnen ist.

Gerade die Gipfel dieser beiden Krankheiten liegen in der Tiefwinterzeit, also in jener Jahreszeit, in welcher der Mensch ganz auf sich selbst gestellt ist. Die Erde hat eingeatmet und der Mensch selbst ist als seelisches Wesen ganz auf sich beschränkt und zurückgezogen. Rudolf Steiner sprach in einem Vortrag über die Jahresfeste davon, dass in den alten Mysterien den Menschen gerade in dieser Jahreszeit das Wort: *Hüte Dich vor dem Bösen* zugerufen worden ist.[37] Diese beiden Krankheiten sind aber durchaus Krankheiten, die den innersten Menschen in uns schicksalsmäßig betreffen. Gerade darüber hat Rudolf Steiner manches gesagt.[38] Ist doch der Scharlach die tiefste Auseinandersetzung, die der kindliche Mensch mit seinem Erbkörper vollzieht. Und ebenso ist die Diphterie eine Erkrankung, von der Rudolf Steiner angibt, dass ihre Ursachen im vorigen Erdenleben zu suchen sind. Beide Erkrankungen müssen innig zusammenhängen, was ja auch darin sich zeigt, dass im Beginne des Scharlachs die Symptome der Diphterie oft vorhanden sein können.

Professor Hagentorn macht auch hier einen wesentlichen Vergleich, indem er sagt:

> Besteht in diesem Verhältnis Diphterie-Scharlach nicht eine vollkommen analoge Erscheinung, wie wir sie in der Pflanzenwelt beobachten, wie z. B. der Flieder regelmäßig vor dem Jasmin blüht?[39]

Man hat bei solchen Bemerkungen den Eindruck, dass der Verfasser sich innerlich dabei vor seinen Kollegen entschuldigt, aber nur deshalb, weil er empfindet, dass ein Urphänomen, das noch kaum aussprechbar ist, ihm ideenhaft aufgegangen ist, trotzdem er keine rationelle Erklärung dafür finden kann. Wer aber den Menschen so betrachten lernt, wie Rudolf Steiner es uns gelehrt hat, der wird gerade in solch einem Vergleich den richtigen Anhaltspunkt zu einer Zeitengeographie der Krankheit finden. Wie der Mensch inmitten der Naturreiche steht und zum Teil an den Rhythmus von Erde und Kosmos hingegeben ist, so umgeben ihn auch die Krankheiten als ein Reich für sich und äußern sich zeitbedingt durch Erden- und Himmelsrhythmen in ähnlicher Art wie Pflanzen, die nacheinander nur blühen.

Anhang

I. Der Todestag Gustav Mahlers

Das Geheimnis des Todes als Schlüssel zum Rätsel des Lebens
von Anne Weise

Karl König hatte zeitlebens eine besondere Beziehung zu Gustav Mahler. Er war nur wenige Jahre zu jung, sonst hätte er Mahler in seiner Heimatstadt noch selbst als Dirigent erleben können. Mahler starb 1911, als König zehn Jahre alt war. Jedoch hat er nur acht Jahre später als Achtzehnjähriger, der mit voller Kraft in das Kunst- und Musikleben Wiens eintauchte, schon alle Sinfonien Mahlers, inklusive «Das Lied von der Erde», erlebt und lieben gelernt, oft sogar von dessen Schüler Bruno Walter dirigiert. Damals hing ein Porträt Gustav Mahlers über dem Schreibtisch des Jugendlichen. Vielleicht ist es das gleiche, das jetzt immer noch in seinen ehemaligen Wohnräumen im Camphill House in Aberdeen/Schottland hängt. Zur Zeit seines ersten Mondknotens hatte Karl König ein prägendes Erlebnis am Grab Gustav Mahlers.

In der Biographie eines Menschen gibt es immer wieder Knotenpunkte, die zu einer Neuorientierung führen können. Solch ein Wendepunkt im Leben eines Menschen können die Mondknoten sein, die Wiederkehr der Konstellation des Mondes zum Zeitpunkt der Geburt, etwa alle 18 Jahre und 7 Monate. Es ist eine Zeit vertiefter Selbsterkenntnis und einschneidender Ereignisse, in der tiefer liegende Lebensimpulse und -aufgaben erkannt werden können und ein Aufbruch in einen neuen Lebensabschnitt vollzogen werden kann. Solch ein Erlebnis war wohl das Erleben Karl Königs am Grab Gustav Mahlers an dessen zehntem Todestag.

Der junge Karl König war besonders von Mahlers zweiter Sinfonie ergriffen. Nachdem er sie im Februar 1919 gehört hatte, dirigiert von Bruno Walter, schrieb er – gleich nach einer begeisterten Beschreibung der neunten Sinfonie Beethovens – in sein Tagebuch:

> Vierzehn Tage vorher hörte ich Mahlers Zweite. Der augenblickliche Eindruck war vielleicht noch stärker als der der Neunten. Die Auferstehungsmusik des letzten Satzes wirkt kolossal. Mit jeder Muskel-, mit jeder Nervenfaser lebte ich mit, mit der großen Musik. Ich rannte noch eine volle Stunde nachher im Stadtpark umher, um mich aufzuraffen. (17. Februar 1919)[40]

Bald darauf hatte er die zweite Sinfonie wieder einmal und dann gleich noch einmal gehört und schrieb, wie sehr er danach «weinte und schluchzte», so sehr war er von der Musik berührt. Sie traf ihn in seinem Innersten, brachte Fragen in Bewegung, die in ihm rumorten, Konflikte, mit denen er rang. Bis in die Träume hinein wurde er durch diese Kompositionen zutiefst bewegt.

Im November 1920, Karl König war achtzehn Jahre alt, hatte er an Allerseelen, dem Totengedenken der katholischen Kirche, das Grab Gustav Mahlers besucht:

> Allerseelen, es war ein klarer kalter Tag, war ich an Gustav Mahlers Grab. Alle seine Werke kenne ich, und all sein Menschtum weiß ich. Er ist ein großes Erlebnis meines Lebens. (3. November 1920)

Welch ein besonderer, schlichter Grabstein, den Josef Hoffmann 1911 in Erinnerung an Gustav Mahler geschaffen hat! Nicht weit entfernt sind heute die Gräber seiner ehemaligen Frau Alma Mahler-Werfel und auch von Richard Specht, einem der Söhne der Familie Specht, bei der Rudolf Steiner als Hauslehrer arbeitete und wo er erstmals pädagogische und besonders heilpädagogische Erfahrungen sammeln konnte. Dieser Richard Specht schrieb eine geachtete Biographie über Gustav Mahler, den er kannte und sehr schätzte!

Dieses Grab in Grinzing besuchte Karl König nur sechs Monate nach Allerseelen anlässlich des zehnten Todestages Gustav Mahlers wieder, diesmal gemeinsam mit seinem besten Freund Alfred Bergel.[41] Die beiden waren häufig in der Umgebung von Wien wandern. Dabei hatten sie auch das Haus in Heiligenstadt aufgesucht, in dem Ludwig van Beethoven gelebt und einige seiner Werke, auch das sogenannte Heiligenstädter Testament geschrieben hat, welches König im Original in einer Ausstellung gelesen hat. Sie besuchten auch den Grinzinger Friedhof. Er notierte sich dazu kurz in sein Tagebuch:

> Dreimal war ich mit meinem Freund im Wienerwald. Das erste Mal war der Wald wunderbar wie ein Dom. Das zweite Mal war ich nahe bei Beethoven in Heiligenstadt und Sievering und Grinzing (Zeit des Erkennens). Das dritte Mal an der Donau am Nachmittag und Abend. (18. Mai 1921)

Das wurde niedergeschrieben am 18. Mai 1921, am zehnten Todestag von Gustav Mahler, der 1911 in Wien verstorben war. Die beiden achtzehnjährigen jungen Freunde müssen also an diesem Tag oder kurz zuvor dort gewesen sein. Auch an Allerseelen hatte König das Grab ganz bewusst aufgesucht. Er charakterisierte diesen Besuch in Grinzing im obigen Tagebuchauszug als «Zeit des Erkennens». Eine Seite zuvor hatte er im Tagebuch näher beschrieben, was er damit meinte:

> Ich habe in den letzten Tagen etwas erlebt, was noch nie in mir war. Die Umwelt ist für Stunden von mir gefallen, und ich habe

> das Innerste erblickt. Ich habe erfasst, dass wir teilhaben am ganzen All der Ewigkeit, dass das Ich der All-Eine ist. In diesen Stunden kam mir mein Bewusstsein viel größer und weiter als die Sterne vor. Die Zeit dauerte sehr, sehr lange (Höhe des Bewusstseins.) Mir war es, als hätte ich erst in diesen Stunden das Denken erfasst. Daraus entsprangen die «Verw[andlungen] d[es] Menschen». Jetzt bin ich wieder diesen Gesängen fremd, weil mein Ich-Bewusstsein fern ist. Dass ich überhaupt immer nur unter größter Intuition, bei mangelnder Klarheit des Geistes und voller Tätigkeit des Ichs schreibe, ist Grund für viel Wankendes. Ich kann für das Geschriebene fast keine Rechenschaft ablegen. Und Schaffen, ist da nicht Intuition bei vollster Klarheit nötig? Dass ich so weit kommen muss, ist Bedingung. (18. Mai 1921)

Er schrieb in seinem jugendlichen Enthusiasmus, dass er das «Denken erfasst» hatte. Ihm wurde deutlich, dass dieser von ihm nur kurz erlebte Bewusstseinszustand ein Ziel sein muss, nach dem er streben möchte, nach «Intuition bei vollster Ich-Klarheit» des Geistes, mehr noch, er schrieb: «dass ich so weit kommen muss, ist Bedingung». Ihm war aber auch deutlich, dass er zum Zeitpunkt der Niederschrift diese Bewusstheit nicht mehr hatte, dass sein «Ich-Bewusstsein» wieder fern war, aber von nun an war sein Streben, «bei voller Tätigkeit des Ichs» aus «größter Intuition» zu schreiben und zu schaffen.

Unter dem Eindruck dieses Erlebnisses schrieb Karl König das Gedicht «Die Verwandlungen des Menschen».[42] Es ist fast wie ein Epos, in dem zuerst «Der All-Eine spricht», den König auch als das Ich charakterisierte. Der zweite Teil ist überschrieben mit «Der Geist spricht», gefolgt von «Der Leib spricht» und «Der Mensch spricht». Dieses Erlebnis war für ihn eine prägende geistige Erfahrung, die er um die Vollendung seines ersten Mondknotens erlebt hatte, die wegweisend für ihn wurde, die den Willensentschluss, bei voller Wachheit des Denkens nach geistiger Erkenntnis zu streben, zur Folge hatte.

Nachdem Karl König in den Folgejahren die Anthroposophie näher kennengelernt hatte, versuchte er 1925 das Erlebte von diesem Standpunkt aus einzuordnen:

> Es fielen mir jene Zeiten wieder ein, in denen ich geistige Erlebnisse hatte, besonders die Zeit, da ich die schrieb, die ja so ganz nahe einer geistigen Weltbetrachtung kamen und die aus diesem Erlebnis entsprungen war, da ich mein Ich ganz losgelöst hatte und mich weiter dünkte als Himmel und Sterne. Solche Erlebnisse kamen wieder, ich spürte das Heraustreten des Astralleibes vor dem Einschlafen und wieder das Heraustreten des Ich und vieles. (28. Januar 1925)

Viele Jahre später – Karl König war nun einundsechzig Jahre alt – suchte er im Oktober 1963 wieder einmal das Grab Gustav Mahlers auf. Dabei hatte er sich an dieses Erlebnis erinnert und notierte deshalb kurz in sein Tagebuch:

> Auf dem Grinzinger Friedhof beim Grab Gustav Mahlers, wo ich das große Vorschau-Erlebnis vor mehr als vierzig Jahren hatte. (19. Oktober 1963)

Rückschauend nannte Karl König diese geistige Erfahrung ein «Vorschau-Erlebnis». Irgendwann muss es Karl König, der sich zeitlebens ausführlich mit biographischen Rhythmen und damit auch mit den Mondknoten auseinandergesetzt hatte, bewusst geworden sein, dass dieses «Vorschau-Erlebnis» zur Zeit seines ersten Mondknotens geschehen war. Vermutlich fügte er dann, oder auch erst jetzt nach dem Besuch von 1963, dem Tagebucheintrag des Achtzehnjährigen hinzu: *Mahlers 10. Todestag. Vollendung des ersten Mondknotens.*

Tod und Auferstehung waren zentrale Themen in der Musik Gustav Mahlers. Besonders die Musik der zweiten Sinfonie, der sogenannten

«Auferstehungs-Sinfonie», berührte König zutiefst. Mahler und König waren beide jüdischer Herkunft und der offene Antisemitismus dieser Zeit ließ sie immer wieder darunter leiden. 1939, kurz nachdem Karl König wegen seiner jüdischen Herkunft aus dem besetzten Wien fliehen musste, kurz nachdem er in London als Flüchtling angekommen war – in einem fremden Land dessen Sprache er nicht sprach, war es wieder Mahler, über den er Gedanken niederschrieb. Darin beschrieb er ihn als den «Erbträger des Judentums», *der in der Enge seines Lebens, seiner Gequältheit mit allen Dingen des äußeren Daseins, das Erwachen des Lichtes in seinem Herzen spürt.* Und weiter schrieb er:

> Was Rudolf Steiner in der Philosophie der Freiheit, in der Theosophie, in den ganzen Seelenrätseln, Menschenrätsel bis zu den Karmavorträgen darstellt, das ist Mahlers Musik. Er geht vom allgemeinen Auferstehen zum persönlich-individuellem Weiterleben. [...] Mahler erlebt den Christus als den Herren des Menschenherzens und des Menschentodes. (23. März 1939)

Gustav Mahler und Karl König ging es besonders um *Das Geheimnis des Todes als Schlüssel zum Rätsel des Lebens,* so wie Rudolf Steiner einige seiner Vorträge in verschiedenen Städten nannte, so auch seinen Vortrag in Triest am 19. Mai 1921, ein Tag nach Mahlers Tod. Von diesem Triester Vortrag ist keine Mitschrift vorhanden, aber es gibt andere Vorträge unter dem gleichen Titel. Da sprach Rudolf Steiner unter anderem über die Wesensglieder des Menschen, über Schlaf und Tod, über das nachtodliche Leben mit dem Erinnerungstableau und dem Kamaloka, den Aufenthalt im Devachan, die Vorbereitung auf ein neues Leben und das Karmagesetz.[43]

So wie wir durch seine jugendlichen Tagebücher von der besonderen Beziehung erfahren konnten, mit der das Schicksal Karl König mit der Musik und besonders mit dem Tod Gustav Mahlers verbunden hat, so veröffentliche er wenige Jahre vor seinem eigenen Tod – nun aber zum 100. Jubiläum der Geburt Gustav Mahlers am 7. Juli 1960 – einen Aufsatz über ihn, beschrieb sein Wesen als «Anruf» und «Aufruf» und Gewissen:

> Sein Wirken war ein Aufruf an die Menschen, mit ihm zu gehen. [...] Bei Mahler steht immer der Mensch im Mittelpunkt seiner Aussage: des Menschen Frage nach Tod und Auferstehung (zweite Sinfonie). [...] Er erhielt die Menschenherzen lebendig und ließ sie später spirituell nicht sterben. Durch die Musik allein verblieb den Menschen eine letzte Ahnung vom himmlischen Dasein und seiner Allmacht.[44]

II. Ein Tagebucheintrag Karl Königs, 1953

Karl König ist – wie es oft der Fall war – im April 1953 für ein paar Tage in der Harley Street in London. Er nutzt das Haus in der Straße des berühmten Arztes, um Eltern zu treffen und sich Kinder anzuschauen. Von dort aus war es nicht weit zu den englischen Camphill-Schulen in Ringwood und Thornbury, die er besuchte, um Vorträge zu halten und an Besprechungen teilzunehmen. Dabei nahm er auch die Gelegenheit wahr, Ferdinand Rauter zu besuchen, ein Musiker, Pianist und Komponist, der ebenfalls ein Flüchtling aus Wien war. Sie hatten sich 1940 in einem Internierungslager auf der Insel Man getroffen. Rauter folgte König nach Camphill, wo er eine Weile blieb, bevor er nach London zog, um seine musikalische Karriere wieder aufzunehmen. Rauter starb im Dezember 1988. Noch heute wird der «Ferdinand Rauter Memorial Prize» regelmäßig in London an Pianisten verliehen. Damals arbeitete König intensiv an Fragen zur Musiktherapie.[45]

April 22
Abends bin ich bei Rauters, um einen Dr. Zanker zu treffen, der seit Jahren die Musik zur Behandlung von Geisteskranken eingeführt hat. Er ist eine Enttäuschung; ein typischer Mann des vorigen Jahrhunderts, ein Wiener Jude, mit all der Gutmütigkeit und der Dummheit, die damit verbunden ist.

Auch die Rauters sind eine Enttäuschung. Und die Frage steigt auf: Was unterscheidet mich von all diesen Menschen und macht mich so fremd in ihrer Gegenwart und so abwehrend? Und ich weiß plötzlich, dass ihre so große Oberflächlichkeit davon herrührt, dass sie alle dauernd den Tod vergessen und dass in mir dauernd das Wissen vom Tode, irgendwo im Seelengrund anwesend ist. Dieses mit dem Tode vereint sein, schafft die Sicherheit der spirituellen Existenz.

III. Nachruf für Wolfgang Beverley[46]

von Karl König

Unser Freund ist gestorben. Er hat seinen physischen Mantel in einem jungen Alter abgelegt und sich dem Bund der Unsichtbaren angeschlossen. Er hat die Schwelle ins Land der Verstorbenen überschritten.

Eine Gemeinschaftsbewegung wie Camphill – zu der nicht nur die Mitarbeiter gehören, sondern auch die Kinder und ihre Eltern sowie unsere Freunde und Unterstützer – sollte so einem Ereignis bewusst begegnen und es gut in Erinnerung behalten. Wann immer jemand von uns – Kind oder Erwachsener, jung oder alt – gestorben ist oder sterben wird, wird eine neue Verbindung in das Land jenseits der Schwelle geschaffen. Es verbindet unsere Arbeit mit diesen Freunden und stärkt die Zusammengehörigkeit der beiden Welten.

Ein sozialer Organismus kann nur wachsen und gedeihen, wenn die Verstorbenen ein Teil davon werden; wenn sie in Zeiten von Anspannung und Freude bewusst als Helfer und Führer angesehen werden. So wie ein Friedhof zu unseren Städten und Dörfern gehört, sind die Verstorbenen (nicht ihre Leichname, sondern ihre lebendigen Wesenheiten) ein Teil von uns, der noch immer auf der Erde ist.

Dadurch ist Wolfgang einer von uns, wo immer Camphill lebendig ist. Er sollte nicht vergessen oder ausgelassen werden; er wird dann ein lebendiges Wesen mit großer Kraft und geistigem Potenzial werden.

Wolfgang gehörte, lange bevor er geboren war, zum Strom der Heilpädagogik. Sein Vater war ein Lehrer am Sonnenhof in Arlesheim und Ita Wegman, Vorstand der heilpädagogischen und medizinischen Arbeit dort, erwartete, dass das Kind in Arlesheim aufwachsen würde. Sie hatte ein Zimmer, das für ihn und seine Mutter vorbereitet war. Aber die Dinge geschahen nicht wie erwartet. Das Kind kam in Deutschland auf die Welt; er trug den Stempel des unehelichen Kindes und verbrachte seine Kindheit an verschiedenen Orten. Erst lebte er bei seinen Großeltern und später wurde er von Pontius zu Pilatus geschickt.

Sein Schicksal war das eines Heimatlosen und Elternlosen. Sein Herz war voller Einsamkeit. Er gewann Freunde und wies sie wieder von sich. Bis ihm endlich, als er sechzehn Jahre alt war, eine gute Dame – eine Witwe – Schutz und Fürsorge gab. Dort hörte er von Camphill und schloss sich augenblicklich an. Sein Schicksal hatte auf diesen entscheidenden Moment gewartet.

Ich erinnere mich an seine Ankunft; rau, ungestüm, selbstbewusst und dennoch so zart, dass alles ihn zum Weinen bringen konnte. Er war die typische Mischung eines Jugendlichen, der sich selbst erziehen musste: eine raue und ungepflegte Oberfläche mit einem viel zu zarten Kern darunter; ein schlecht angepasster junger Mann aus einem besiegten Land.

Wolfgang gewöhnte sich mit großen Schwierigkeiten an ein Leben aus regelmäßiger Arbeit und Lernen. Aber sein Herz – voll von Feuer und Wärme – half ihm, viele Hürden zu überwinden. Er lernte mit großem Eifer und war bereit, jede Art von Arbeit zu verrichten. Er begann, die behinderten Kinder zu lieben und sie lehrten ihn, seine eigene Zartheit in der Begegnung mit anderen auszudrücken. Er absolvierte die Ausbildung ziemlich gut und trat der Gruppe der Lehrer bei.

Für eine Weile verließ er Camphill und arbeitete in den «Sheiling Schools» und kam später zurück. Schließlich entschied er (es war ungefähr 1958), sich Botton Village anzuschließen, wo eine ganze Menge versteckter Fähigkeiten ans Licht kam. Er machte den ersten Versuch, einen Dorfladen zu eröffnen. Er kaufte und verkaufte mit großem Verständnis für Verkäufer und Käufer. Sein Laden kam mit großen Schritten voran und er etablierte viele neue Verbindungen zwischen dem Dorf und einigen Firmen und Händlern. Er war so erfolgreich, dass er die Geschäftsleitung des Großhandels der im Dorf hergestellten Produkte übernahm.

Gleichzeitig erreichte er das größte Ziel seines Lebens: Er gründete seine eigene Familie. Solveig wurde seine geliebte Frau und sie hatten zwei Kinder, ein Junge und ein Mädchen. Er war ein hingebungsvoller Ehemann und ein liebevoller Vater, der versuchte, seinen Kindern das zu geben, was er selbst als Kind vermisst hatte.

Dann schlug das Schicksal zu. Eine schwere Nierenkrankheit mit hohem Blutdruck setzte ein. Er litt unter starken Kopfschmerzen, Übelkeit und Schmerzen am ganzen Körper. Und er hatte einen großen Wunsch, falls er sich erholen sollte – und davon war er überzeugt – ein Priester zu werden. Er wollte sehnlichst das Evangelium predigen und den Bedürftigen das Heilige Sakrament spenden.

Mit diesem Sehnen verließ Wolfgang die Erde. Dies sind die Flügel, die ihn nach oben tragen, um auf der anderen Seite im Dienste Christi zu leben.

Wir, die zurückgelassen worden sind, sind dankbar, dass wir hier unten mit ihm vereint waren. Sein Leben war nicht leicht; sein Weg war steinig; aber seine Aufrichtigkeit war groß und rein. Er war einer der vielen, die die Schritte Raphaels vorbereiteten, dem Heiler der Menschen: ein Händler in menschlichem Verständnis und zwischenmenschlichen Beziehungen.

Wenn ich an Wolfgang denke, sehe ich den jungen Tobias vor mir, der an Raphaels Seite lief, um die Kräfte des Bösen zu überwältigen und die Arznei für die Blindheit seines Vaters zu finden. Er war ein wahrer Diener des Raphael-Merkurs und wir vereinigen uns mit ihm mit den Worten: *Christus verus mercurius est.*

IV. Ein Brief Karl Königs an Tilla Frahm

Tilla Frahm war die Frau eines Priesters der Christengemeinschaft in Nürnberg. Karl König ist dem Ehepaar zumindest 1961 während einer Reise nach Nürnberg und Ansbach begegnet, denn in seinem Tagebuch ist zu lesen, dass sie ein langes und interessantes Gespräch gehabt hätten. Im Frühjahr 1963 hatte Tilla Frahm die Aufsätze Königs über die «Contergan-Katastrophe»[47] gelesen und König geschrieben, da ihr Mann in jener Zeit der Katastrophe gestorben war. In seinen Aufsätzen schildert Karl König einen ungewöhnlichen Gesichtspunkt in Verbindung mit der Katastrophe: er brachte die damals unerwartete Wirkung des Medikaments mit der «großen Konstellation» in Verbindung. Bei der Konstellation handelte es sich um die sich etwa alle 20 Jahre wiederholende Konjunktion von Saturn und Jupiter, damals auch noch zeitgleich mit Mars und in einer besonderen Beziehung zu allen anderen Planeten (außer Uranus und Neptun). Diese Konstellation begann 1959, kulminierte im Februar 1962 und dauerte bis etwa Anfang Februar 1963. Ernst Frahm starb am 6. Februar 1963 in Nürnberg.

Es folgen Faksimile und Transkript.

5. Januar 1964

Sehr geehrte, liebe Frau Frahm!

Für Ihren Brief vom 14. Dezember, der so ausführlich die Erkrankung und den Tod Ihres Mannes schildert, danke ich Ihnen sehr herzlich. Es ist schon erschütternd, von den letzten Tagen dieses Priesters zu lesen. Und doch glaube ich, dass nichts ihn hätte retten können. Ich bin überzeugt, dass nicht Krankheiten zum Tod führen, sondern dass der Tod - wenn er bestimmt ist - die Krankheiten heranzieht, die er braucht, um die Lockerung zwischen Geistseele und Körperleib herbeizuführen.

Die Umstände, die von aussen her so unheilsam verwirrend und negativ erscheinen bilden doch ein Netz, das es ermöglichte, dass die Seele Ihres Mannes gerade zur Zeit der grossen Konstellation die Erde verlassen konnte, um dem Konzil der Götter, das sich dort vollzog, Erdennachrichten zu überbringen. So empfand ich, als ich Ihren Brief las und empfand es immer wieder im nochmaligen Lesen dessen, was Sie als Schicksal aufgeschrieben haben.

Ich danke Ihnen sehr für das Vertrauen, das Sie mir geschenkt haben und hoffe, dass wir uns einmal wirklich und richtig begegnen können.

Mit den besten Wünschen für das Neue Jahr und den herzlichsten Grüssen verbleibe ich

Ihr

5. Januar 1964

Sehr geehrte, liebe Frau Frahm!

Für Ihren Brief vom 14. Dezember, der so ausführlich die Erkrankung und den Tod Ihres Mannes schildert, danke ich Ihnen sehr herzlich. Es ist schon erschütternd, von den letzten Tagen dieses Priesters zu lesen. Und doch glaube ich, dass nichts ihn hätte retten können. Ich bin überzeugt, dass nicht Krankheiten zum Tod führen, sondern dass der Tod – wenn er bestimmt ist – die Krankheiten heranzieht, die er braucht, um die Lockerung zwischen Geistseele und Körperleib herbeizuführen.

Die Umstände, die von außen her so unheilsam verwirrend und negativ erscheinen, bilden doch ein Netz, das es ermöglichte, dass die Seele Ihres Mannes gerade zur Zeit der großen Konstellation die Erde verlassen konnte, um dem Konzil der Götter, das sich dort vollzog, Erdennachrichten zu überbringen. So empfand ich, als ich Ihren Brief las und empfand es immer wieder im nochmaligen Lesen dessen, was Sie als Schicksal aufgeschrieben haben.

Ich danke Ihnen sehr für das Vertrauen, das Sie mir geschenkt haben und hoffe, dass wir uns einmal wirklich und richtig begegnen können.

Mit den besten Wünschen für das Neue Jahr und den herzlichsten Grüßen verbleibe ich

Ihr

V. Die Todesschwelle im Jahreskreislauf – Aus Karl Königs Arbeit mit dem Anthroposophischen Seelenkalender

von Richard Steel

Es hat eine tiefere Bedeutung, dass Karl König seine intensive – und dann auch lebenslange – Arbeit mit dem Seelenkalender im Jahr 1933 begonnen hat, denn er war sich gewiss, dass der meditative Umgang mit dieser symphonischen Komposition von 52 Wochensprüchen heilsam sein kann, angesichts der Mächte des Bösen und des Todes, die sich bereits wie eine düstere Wolke über Mitteleuropa verdichteten.

Natürlich wusste er auch, dass Rudolf Steiner den Kalender unmittelbar vor dem Ersten Weltkrieg gegeben hatte und ihn 1918 in den Zigarettenschachteln der Waldorf-Astoria an die Soldaten der Frontlinien geschickt sowie dann auch über Hermann Hesse in die Bibliothek für deutsche Kriegsgefangene eingegliedert hatte.

Das waren Hinweise auf eine von den Versen ausgehende Kraft, die im Sinne der Schaffung eines inneren Gegengewichts zu den äußeren Ereignissen heilend, aber auch für eine vorbereitende Begegnung mit der Schwelle zwischen der irdischen und geistigen Welt wirksam sein kann – sei es die allgegenwärtige Todesschwelle an der Front oder die Schwelle, die auf dem Wege einer inneren Schulung gesucht wird; es ist letztlich die gleiche Schwelle.

Dieser geschichtliche Hintergrund des Seelenkalenders spiegelt sich in der biographischen Situation Königs in verschiedener Weise wider; 1933 wusste er recht deutlich, welche Kräfte in die Zeitverhältnisse hineinschlugen, die die rechtmäßige Wirkung des Spirituellen in der Welt zu korrumpieren suchten – Kräfte, die sowohl die Aufgabe Mitteleuropas als auch insgesamt die in der Zeit vorhandene neue Christusnähe der Menschheit zerstören sollten. Er tat diese Arbeit in aller Stille – nur seinem Tagebuch vertraute er dies an –, weder schriftlich noch in einem seiner vielen Vorträge kam sie sonst zum Ausdruck. Genau sieben Jahre später war er nun direkt von den Ereignissen eines Zweiten Weltkriegs betroffen.

Die Metamorphose des Kreuzes

Karl König entdeckte bei seinen Studien zum Seelenkalender sehr früh – wohl bereits im Oktober 1933 – eine innere Struktur der Ganzheit der 52 Sprüche. Er sprach von einer «Architektur», von einem Gesamtkunstwerk gewissermaßen, die einer kosmischen Realität entspräche, ähnlich einer Geometrie der Sternenbahnen. In einer Ansprache 1948 im schottischen Camphill sagte er sogar:

> Der Seelenkalender kann tatsächlich gesehen werden als ein Initiationsweg, der in die Planetensphäre hineinführt und hineinführt in die Sphäre, in der der ätherische Christus lebt.[48]

Es ist also ein Weg der Übung, der über die Schwelle ins Überirdische führt. Die hauptsächlichen Strukturelemente, die er vorgefunden hat, hängen mit den Verbindungen und Entsprechungen zusammen, die die Sprüche in «Gruppierungen» von jeweils vier Strophen zeigen, mit je zwei Paaren von sich spiegelnden Motiven, die bis in die Wortwahl hinein deutlich auffindbar, die aber wie in einem mathematischen oder eben «architektonischen» Muster angeordnet sind. Auffallend ist aber

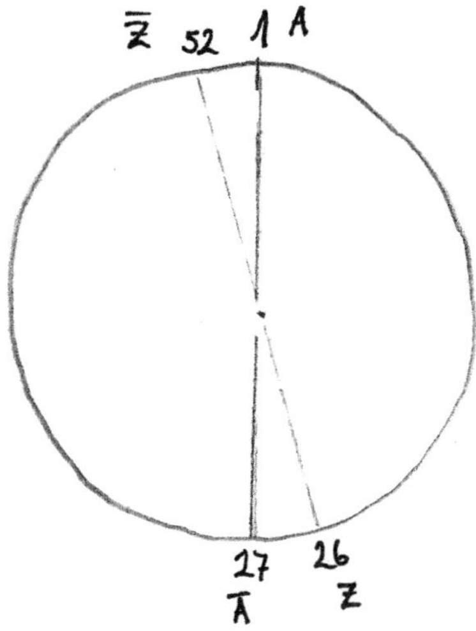

auch, dass in jedem dieser «Quartette» ein Spruch aus jeder der vier Jahreszeiten zwischen den vier großen Jahresfesten Ostern, Johanni, Michaeli und Weihnachten zu finden ist.[49] So verbinden sich jeweils vier Wochensprüche, die, wenn man sie auf der Kreislinie des Jahreskreislaufs sieht, ein Kreuz erscheinen lassen, das sich jedoch von «Quartett» zu «Quartett» ändert, weil die Sprüche von Woche zu Woche verschieden weit auseinanderliegen. Es ist also ein dynamischer Prozess, der ersichtlich wird – eine Metamorphose. Diese «Metamorphose des Kreuzes» entdeckte König als einen wichtigen Schlüssel – nicht nur im Verstehen der einzelnen Sprüche, sondern gerade im Erleben der Ganzheit der Seelenkalender-Komposition und somit im Erleben der Ganzheit des Jahres in seiner natürlichen, aber auch kosmischen Dimension. Die Zeichnungen, die Karl König ab 1948 anfertigte, um diese sich verändernden Verhältnisse zu veranschaulichen, nannte er deswegen «Die Metamorphosen des Kreuzes».[50]

Folgen wir der Veränderung dieses «Kreuzes» schrittweise ab Ostern, wo die «Gegensprüche» sich nicht geometrisch im Kreis gegenüberstehen, sondern nebeneinander stehen und ein «Kreuz» ergeben, das fast zu einer Linie wird, so wird der Abstand zwischen den Gegensprüchen immer größer; die Schere des Kreuzes geht immer weiter auseinander, bis – mit dem siebten Schritt – tatsächlich ein rechtwinkliges Kreuz erscheint. Das heißt aber, dass dieses Kreuz genau viermal im Jahr zu finden ist, und gerade dieses Kreuz hat eine wirkliche Ausnahmestellung im Ganzen, denn es verbindet «Schwellensprüche» – die einzigen beiden Strophen, die das Motiv des Todes tragen und mit zweien zusammen stehen, die von der «Bedrohung» des Todes sprechen:

Mein Selbst, es drohet zu entfliehen, (7)

und

Die Welt, sie drohet zu betäuben
Der Seele eingeborne Kraft; (46)

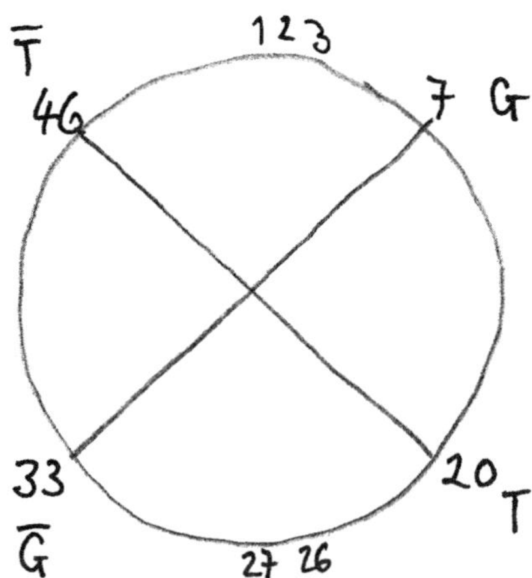

Das «Oster-Kreuz» im Kreis der Wochensprüche

G 7 *Mein Selbst, es drohet zu entfliehen,*
Vom Weltenlichte mächtig angezogen;
Nun trete du mein Ahnen
In deine Rechte kräftig ein,
Ersetze mir des Denkens Macht,
Das in der Sinne Schein
Sich selbst verlieren will.

T 20 *So fühl' ich erst mein Sein,*
Das fern vom Welten-Dasein
In sich, sich selbst erlöschen
Und bauend nur auf eignem Grunde
In sich, sich selbst ertöten müsste.

Ḡ 33 *So fühl' ich erst die Welt,*
Die außer meiner Seele Miterleben
An sich nur frostig leeres Leben
Und ohne Macht sich offenbarend
In Seelen sich von neuem schaffend
In sich den Tod nur finden könnte.

T̄ 46 *Die Welt, sie drohet zu betäuben*
Der Seele eingeborne Kraft;
Nun trete du, Erinnerung,
Aus Geistestiefen leuchtend auf
Und stärke mir das Schauen,
Das nur durch Willenskräfte
Sich selbst erhalten kann.

Während der Arbeit an der Kreuzmetamorphose[51] fügte König jedem Kreuz einen Apostel-Namen hinzu – für dieses Kreuz des Todes und der Warnung wählte er Judas. In der fertig gestellten Mappe, 1948, tauchen diese Namen nicht mehr auf; es wäre aber wohl durchaus im Sinne Königs, bei diesem Kreuz statt Judas, den Namen des Christus einzufügen, da er derjenige ist, der uns an der Schwelle begleitet und selbst die Versuchungen (Warnungen), den Abgrund und den Tod überwunden hat. Tatsächlich hat König gerade in der Zeit (Advent 1947)

♀
♉

7. Mein Selbst es drohet zu entfliehen,
Vom Weltenlichte mächtig angezogen;
Nun trete du mein Ahnen
In deine Rechte kräftig ein,
Ersetze mir des Denkens Macht,
Das in der Sinne Schein
Sich selbst verlieren will.

Himmelfahrt

♌

20. So fühl ich erst mein Sein
Das fern vom Welten-Dasein
In sich, sich selbst erlöschen
Und bauend nur auf eignem Grunde
In sich, sich selbst ertöten müßte.

17.-23. Mai G

16.-22. August T

15.-21. November G

14.-20. Februar T

33. So fühl ich erst die Welt,
Die außer meiner Seele Miterleben
Ansich nur frostig leeres Leben,
Und ohne Macht sich offenbarend,
In Seelen sich von neuem schaffend,
In sich, den Tod nur finden könnte.

♏

46. Die Welt sie drohet zu betäuben
Der Seele eingeborne Kraft;
Nun trete du, Erinnerung,
Aus Geistestiefen leuchtend auf
Und stärke mir das Schauen,
Das nur durch Willenskräfte
Sich selbst erhalten kann.

Höllenfahrt
(Lazarus)

♒

Judas

Das «Himmelfahrt-Kreuz» mit Tod und Drohung

den Übungsweg des Seelenkalenders insgesamt als Weg hin zu Christus erlebt (siehe Zitat oben). Die *Metamorphose des Kreuzes* war hierzu als Hilfe gedacht.

Karl König macht uns dazu deutlich, wie die «Kreuze» etwas von dem lebendigen Verhältnis zwischen den Sprüchen innerhalb der Gesamtheit der «Architektur» des Seelenkalenders offenbaren. Gerade dieses rhythmische Geschehen kann uns zu einer neuen Ebene des Verstehens, zu einem lebendigen Erleben des Jahreskreislaufs führen – geradezu in einem Gegensatz zu dem «toten», linearen und statischen Kalender, der sonst heute gebräuchlich ist.

Rudolf Steiner gab selbst einen Hinweis in diese Richtung gerade ein Jahr vor der ersten Publikation des *Seelenkalenders* und wahrscheinlich im Zusammenhang mit dessen Entstehung. Es war im März 1911 in Berlin in den Vorträgen über das Markus-Evangelium, wo er über die Notwendigkeit eines «inneren Kalenders» sprach.[52] Er nennt das zu erschaffende Gefühl *eine Auferstehung des Makrokosmischen in der Seele* und führt hin zu dem *Ich-Wort des Paulus: Nicht ich, sondern der Christus in mir.*

Aber nicht nur die 7. Strophe des Seelenkalenders stellt eine Schwelle dar, die für das Erleben der Seele im Jahreskreislauf wesentlich ist. Dies ist zwar eine bedeutende Schwelle zwischen Himmelfahrt und Pfingsten, aber durch Königs Arbeiten beginnen wir zu bemerken, dass dieses Kreuz selbst eine Schwelle im ganzen Reigen der «Metamorphose» darstellt, und alle 4 Sprüche dieses «Kreuzes» deuten auf verschiedene Aspekte der Schwelle. So zeigt das Bild Königs für Karneval (Strophe 46) die Tiere, die aus dem Abgrund aufsteigen. Die Tiere sehen nicht etwa «bedrohlich» aus, wenn auch der Spruch uns sagt: *Die Welt, sie drohet zu betäuben / Der Seele eingeborene Kraft* – eine durchaus sehr ernste Bedrohung! Doch das Bild ist nicht etwa aufgrund Königs fehlendem künstlerischen Talent irreführend, sondern zeigt geradezu, wie tückisch diese Abgrund-Tiere sind, die allzu leicht harmlos erscheinen, unsere Sympathien erwerben oder gar zu Hohn und Spott anregen.

Die vier Sprüche des 7. Kreuzes stellen tatsächlich Schwellen zwischen den vier hauptsächlichen Festzeiten des Jahres dar und tragen das Motiv des Todes und der Verwandlung im Ganzen. Diese Eigenschaft hat aber auch mit den Geheimnissen der Zahlen zu tun – denn die 52 Wochen des Jahres lassen sich nicht so in 4 Gruppen von 12 teilen, wie man es vielleicht von einer kosmischen Struktur erwarten würde, sondern folgen dem geheimnisvollen Prinzip von 4 x (12 + 1). Jede Festzeit hat sozusagen 12 Sprüche in Vor- und Nachbereitung des Festes, doch dazwischen stehen jeweils die zusammengehörenden «Schwellen-Sprüche»: Spruch 7 ist die Schwelle zwischen Ostern und Johanni, Spruch 20 die Schwelle zwischen Johanni und Michaeli, Spruch 33 zwischen Michaeli und Weihnachten, Spruch 45 zwischen Weihnachten und Ostern. Es ist, als ob dieses einzige rechtwinklige Kreuz sich dem lebendigen Prozess der Verwandlung und der Jahresrhythmen vorenthalten würde, um uns mit der Prüfung der Schwelle zu konfrontieren; mit der Notwendigkeit des Sterbens und Werdens. An diesen Säulen des Widerstands und der potenziellen Gefahr spiegeln sich die Festzeiten. Nach dem 20. Spruch zum Beispiel kommt der Durchbruch – zumindest *ahnend* – zu Michaeli:

> Ich fühle fruchtend fremde Macht / Sich stärkend mir mich selbst verleihn

Und vor dem Todeserlebnis in Strophe 33 kommt das letzte erfüllte Erlebnis der Michaeli-Zeit:

> Ich fühle fruchtend eigne Kraft / Sich stärkend mich der Welt verleihn

und nun ist es nicht nur «Ahnung», sondern «Klarheit» und Kraft, die die Todesschwelle überwinden kann. So erlebt man wiederum die Zusammengehörigkeit von Ostern und Michaeli, so wie Rudolf Steiner es in dem Oster-Vortrag 1923 wunderbar geschildert hat.[53]

Diese Gegensätze und Konkordanzen findet man in den Bildern von Karl König in vielen Einzelheiten wieder.

Selbstmord im Jahreskreislauf und in der Biographie Karl Königs

An verschiedenen Punkten in seiner Biographie hat sich Karl König mit dem Thema Selbstmord beschäftigt – er ist auch intensiv damit in Berührung gekommen. Wir wissen beispielsweise aus seinen Schilderungen der Tage im März 1938, als Nazitruppen nach Wien einmarschierten, dass viele Menschen sich das Leben nahmen. Als Arzt wurde er vielfach herbeigerufen. In einer autobiographischen Darstellung schrieb er das Folgende:[54]

> Es war seltsam und grausam, in diesem Verhängnis, das die Menschen befallen hatte, leben zu müssen. Als Arzt wurde ich in diesen Tagen vorwiegend von den Selbstmorden, die sich unter meinen Patienten zutrugen, im Bann gehalten. Sie drehten den Gashahn auf, stürzten sich vom oberen Stockwerk ihres Hauses auf die Straße, nahmen Morphium oder erschossen sich und ihre Familie. Ein Verzweiflungsakt folgte dem andern und die «Sieger» taten alles, um diese Epidemie der Angst und Verzweiflung zu steigern.

Während seiner Zeit in Arlesheim und in Schlesien, 1927–1936, hatte König öfter Tagungen der Medizinischen Sektion – dann auch seiner eigenen «Freien Schule für soziale Arbeit»[55] – für Krankenschwestern und Sozialarbeiter an deutschen Sozialbrennpunkten mitgestaltet, dort oft auch über das Thema des Suizids gesprochen. Nun wurde er 1938 in Wien unmittelbar damit konfrontiert. Gegen Ende seines Lebens trat das Thema wieder in den Vordergrund, indem er es als Einstieg zu seiner Vortragsreihe im Oktober 1963 wählte – diesmal wieder in Wien! Wie für König üblich, lebte er in der Zeit der Vorbereitung eines Themas über einige Wochen intensiv mit seinen Fragen. Einige Einträge in seinem Tagebuch geben davon Kunde:

> 1. Oktober 1963: Nachher beginne ich in zwei Büchern über Selbstmord zu lesen und fange an zu ahnen, welch umfassendes Phänomen hier vortritt. Es ist ein eigenes Kapitel in der Anthropologie. Aber was ist es? Der ewige Kampf zwischen Seele und Geist im Menschen-Innern.
> 3. Oktober: Am Vormittag dann schreibe ich in etwas ausführlicherer Art die bisherigen Gedanken und Einsichten über den Selbstmord auf. Dabei werden die vier Sprüche des Seelenkalenders von besonderer Hilfe, die sich um den Kampf zwischen Ich und Welt drehen. Daran kann ich die vier verschiedenen Formen, die zum Selbstmord führen, herausarbeiten. Das ist eine sehr hilfreiche Erkenntnis, die sich auftut.

Karl Königs Vorbereitungsnotizen, die aus dieser Beschäftigung entstanden, werden hier im Anhang VI als Faksimile und Transkript wiedergegeben. Auch die unten wiedergegebene Notiz (S. 142) mit der Zeichnung zu den vier Sprüchen des «siebten Kreuzes» des Seelenkalenders gehörte zu dieser Vorbereitung. Es ist wohl so, dass gerade die Beschäftigung mit diesen vier Sprüchen zu der Komposition der Vortragsform geführt hat, denn wir finden diese vier Sprüche in seinen Notizen als grundsätzliches Gliederungsprinzip in dem weiten Spektrum des Phänomens Suizid. Darüber hinaus sind die Tagebucheinträge seiner Reise zu den Vorträgen in Wien weitere Zeugnisse von Königs Beziehung zu dem Thema des Todes:[56]

Bevor König von Brachenreuthe am Bodensee nach Wien aufgebrochen war, hatte er seinen ersten ausführlichen Besuch in Föhrenbühl gemacht, wo sich eine Pioniergruppe niedergelassen hatte, um ein neues Kinderdorf aufzubauen. Er war über die Schönheit des Ortes und über die gerade begonnene Arbeit erfreut und vermerkte im Tagebuch:

> Ich kann fast schon sehen, was in den nächsten Jahren hier werden kann.

Von dort ging die Reise zunächst nach Stuttgart, weil sein langjähriger Freund und Kollege Eberhard Schickler verstorben war. Er beschloss, die ersten beiden Neubauten in der Schulgemeinschaft Föhrenbühl nach seinen engsten Freunden in der anthroposophischen medizinischen Bewegung zu benennen; nach Eberhard Schickler und Eugen Kolisko. Seine Hoffnung, mit Kolisko in England an der Gründung einer freien Universität zusammenzuarbeiten, zerschlug sich, denn dieser war kurz nach Anbruch des Zweiten Weltkriegs allein und unerwartet während einer Zugfahrt in einem Londoner Vorort verstorben. Das bereits bestehende und umgebaute Haus in Föhrenbühl sollte nach seiner von ihm zutiefst geschätzten Mentorin und Leiterin der Medizinischen Sektion am Goetheanum, Ita Wegman, benannt werden, die 1943 verstorben war.[57] Für sie hatte er ein bemerkenswertes «Requiem» geschrieben, das inhaltlich hauptsächlich die spirituelle Bedeutung von Kaspar Hauser berührt.[58]

In Stuttgart hielt König bei der Gedenkfeier für Eberhard Schickler eine Rede und war dann vor seiner Abreise nach Wien zu Gast bei Frau Schickler. Er schlief im Zimmer des verstorbenen Freundes und schrieb am nächsten Tag in sein Tagebuch:

> Die Nacht in Schicklers Zimmer war eine der schlimmsten, die ich je erfahren. Erlebe seine Gedankenwellen.

Am 9. Oktober ging dann die Reise, mit Unterbrechung in Salzburg, nach Wien, wo König am Abend des 13. Oktober dann den Vortrag im neuen Saal des anthroposophischen Arbeitszentrums hielt; er bemerkte: *Der Raum war so überfüllt, dass nicht alle hineinkamen.* Der Vortrag hatte den Titel: *Selbstmord als Schicksal und die Frage der Reinkarnation.*

An dieser Stelle sei noch erwähnt, dass Karl König noch im Jahre

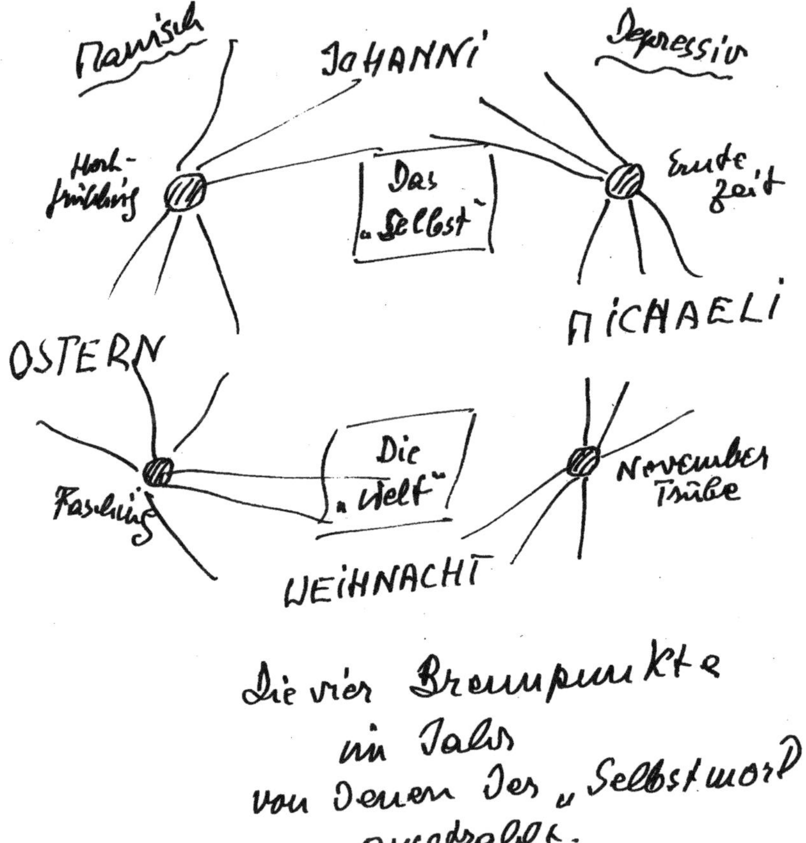

Ein Notizzettel aus den Vorbereitungsunterlagen Karl Königs, 1963. Die vier Seelenkalender-Strophen des siebten Kreuzes strahlen in den Kreis des Jahres hinein aus. Die Zeichnung zeigt sie als «Gefahrenpunkte» in Bezug auf den Selbstmord.

1965, in seinem letzten Aufsatz über die spirituellen Hintergründe – und Zukunftsperspektiven – der Camphill-Bewegung und der Heilpädagogik allgemein, die Nöte der «Selbstmordkandidaten» an wesentlicher Stelle mit einbezog:

> Die «heilpädagogische Haltung» muss in jeder sozialen Arbeit, in der Seelsorge, in der Betreuung der Alten, in der Rehabilitation der Geisteskranken sowohl als auch der Körperbehinderten, in der Führung der Waisen und Flüchtlinge, der Selbstmordkandidaten und Verzweifelten, aber auch in der Entwicklungshilfe, im internationalen Friedenskorps und ähnlichen Bestrebungen sich zum Ausdruck bringen.[59]

Der Seelentod – oder «der zweite Tod»[60]

Nicht nur die Metamorphose des Kreuzes fand bei König einen künstlerischen Ausdruck. Gerade 1940, in der Zeit seiner kriegsbedingten Internierung als «enemy alien», nahm er die Arbeit am Seelenkalender auf, die er sieben Jahre zuvor begonnen hatte, und schuf Farbzeichnungen für jeden Wochenspruch. Es war für ihn eine «Gelegenheit», an dem zu arbeiten, was später die inneren Inhalte und Formen der Camphill-Bewegung werden sollte.[61]

Um die Betrachtung zu Königs Studien über den Tod in Zusammenhang mit dem Seelenkalender abzurunden, darf also ein kurzer Blick auf diese Bilder nicht fehlen, insbesondere für die bereits erwähnten Sprüche des «Todeskreuzes». Besonders rätselhaft ist dabei das Bild für die dritte Augustwoche (Spruch 20), das hier aber auch eine besondere Rolle spielt. Obwohl wir keinerlei Angaben von König selbst zu diesen Bildern haben und von einer Überinterpretation einer künstlerischen Ausdrucksform Abstand gehalten werden soll, fällt doch ein gewisser Gegensatz zu dem dazugehörenden Bild (für die 33. Woche) auf, wo mehr die natürlichen Todesprozesse in der Natur dargestellt sind – wir sind ja auch eher gewohnt, den November mit Todesprozessen zu verbinden als den August. Doch sind es just diese beiden Sprüche, die als einzige vom Tod sprechen. Es ist leichter – zumindest gedanklich! – zu verstehen, wie wir uns über die Todesprozesse in der Natur hinausheben müssen, um nicht mit den «natürlich Wesen», wie wir schon in der Vor-Michaelizeit gewarnt werden, und mit dem letzten Aufflammen der Farben ebenso schnell zu verglimmen. Das Bild mit den kahlen Bäumen und den davonziehenden Vögeln ist also doch näher an unserem Erleben. Dass in dem Bild auch eine leise Vorahnung der Heilung, der Auferstehung des inneren Lebens anklingt, sowohl in der Mistel und in den zarten Farben, die der Fluss wenigstens als Spiegelung trägt, das ist nicht nur Trost, sondern ja auch Aufforderung an den Menschen.

Weniger naheliegend ist aber das Todesmotiv im August. Hier scheint es auch mehr eine Frage des «inneren» Todes zu sein – vielleicht doch etwas, was mit der apokalyptischen Aussage des «Seelentodes» zu tun hat und deswegen besonders relevant für unsere Zeit ist. Wir lernen, dass der Tod nicht nur mit äußeren, physischen Prozessen zu tun hat – also mit dem «Verlassen» dieser Welt, sondern dass auch ein Verlieren unserer Verbindung zu der geistigen Welt, der eigentlichen «Heimat» des Menschenwesens, als ein Sterben erlebt werden müsste. Es geht um das Sterben der Seele selbst – einen zweiten Tod, wie Johannes es schildert, als drohende Gefahr für die Zukunft der Menschheit. Das Bild Königs lässt ahnen, dass wenn die Seele ihre Verbindung zum Geistigen verliert, sie in zweifacher Hinsicht ihr Wesen einbüßen müsste – wir sehen einerseits die welkende Pflanze, andererseits aber den «getrübten» Kristall.

Die Seele des Menschen ist eine Brücke zwischen zwei Welten, mit unmittelbarem Bezug zur geistigen Welt. Ein Bezug, den der Mensch neu gestalten lernen muss – das geschieht eben nicht auf «natürlichem» Weg, sondern aus Freiheit. Die heutige Aufgabe im Zeitalter des Individualismus, auch wenn das paradox erscheinen mag, ist es, «der Eigenheiten leerer Wahn» (wie wir im Winter erinnert werden; Spruch 40) und «mei-

Königs Zeichnung für den 20. Spruch des Seelenkalenders, 1940

ner Eigenheiten Fessel» (im Frühling; Spruch 3) nach und nach zu überwinden, um zu unserem eigenen höheren Wesen vorzudringen, das noch nicht genügend irdisch wirksam geworden ist. In alten Bildern, wie in Märchen und Mythen, geht es um die Hochzeit mit dem Reinen, Spirituellen; man kann auch sagen, dass es sich um eine «Durchlässigkeit» für ein Licht des Geistigen handelt – wie ein Kristall, der aber ohne unser bewusstes Streben dazu tendiert, sich einzutrüben, gefärbt zu werden, durch persönliche «Eigenheiten». In diesem Falle ist die Auswirkung auf uns selbst auch eine «auslöschende», wenn keine Nahrung aus dem Höheren, kein «Wasser des Lebens» fließen kann, keine Erhaltungskraft aus dem Geistigen. Dann verdorren auch unsere eigenen Lebenskräfte und wir müssen ätherisch welken. So versagt die Brücke zwischen dem Licht des Geistes und dem lebenserhaltenden Fluss im Leibe.

Im August ist es nicht der «natürliche» Tod, dem wir gegenüberstehen, von dem wir bedroht werden (in den Sprüchen 7 und 46 geht es um «Drohung»!), sondern die Gefahr des inneren Todes – ein «Wegsterben» von unserem Bezug zur Geistwelt, der dem Menschen eigen (oder ihn gar definierend) ist. Es ist durchaus *vergleichbar* mit dem Wegsterben aus der irdischen Welt, doch endgültiger. Da es in besonderer Weise unserer Freiheit obliegt, ob wir dies zulassen oder nicht, sind die Worte des Spruches deutlich näher an dem Phänomen des Selbstmordes.

In seinen *Anleitungen*[62] erinnerte Karl König seine engsten Freunde und Mitarbeiter in Camphill diesbezüglich an die Worte, die in der freireligiösen Sonntagshandlung für die Kinder wöchentlich gesprochen wurden, da es ja das Christuswesen selbst ist, das an dieser zweifachen Schwelle des Todes steht; der Christus,

Der das Lebende in den Tod führt,
Auf dass es neu lebe,
Der das Tote ins Lebende führt,
Auf dass es den Geist schaue.

Zu Ostern erleben wir Tod und Auferstehung; im Spätsommer, wenn wir den Weg zu Michaeli antreten, müssen wir die Kräfte der Auferstehung, die erneuerte Verbindung zum Geiste, aus uns selbst heraus finden, damit wir in der richtigen Weise auf die Schwelle des Todes zugehen können, wenn uns im November der Tod in der Natur daran erinnert, dass wir als Menschen eine besondere Verpflichtung der Welt gegenüber haben, die auf unsere Lebenskräfte – und vor allem Spiritualität – angewiesen ist: eine wahre Gegenwartsaufgabe.

VI. Königs Notizen zu einem Vortrag 1963 in Wien: Selbstmord als Schicksal und die Frage der Wiederverkörperung

Transkript

Vortrag, 13. Oktober 1963, *Wien*

Selbstmord als Schicksal und die Frage der Wiederverkörperung

I.

1.) Es kann als Vermessenheit erscheinen, in einem einzigen Vortrag das so umfassende Problem des Selbstmordes behandeln zu wollen. Das ist auch gar nicht die Absicht. Es sollen nur einige Gesichtspunkte dargelegt werden, aus welchen dann manches Weitere sich ableiten lassen wird.

2.) Auch kann gefragt werden, warum ich gerade das Thema des Selbstmordes für einen Vortrag in Wien gewählt habe. Es ist ein eminent *österreichisches Problem.* Wie immer man die Dinge ansieht, der Donauraum und der Selbstmord sind eng miteinander verbunden.

Raimund, Stifter, Weininger, Boltzmann und viele andere: [Josef] *Weinheber, Stefan Zweig* ... eine nicht endende Reihe.

3.) Wien als Stadt der Selbstmorde
Zahlen zitieren S. 181 (Siegmund)
In Deutschland steht Selbstmord heute an 7. Stelle der Todes-Statistik.
Gleich hinter den Verkehrsunfällen.
Was ist Selbstmord?

II.

1.) Fängt man an, sich mit dem Phänomen des Selbstmordes zu beschäftigen, dann beginnt man, das Umfassende dieses Problems zu entdecken. Der Selbstmord ist nicht nur über die ganze Welt verbreitet:
bei Primitiven und Zivilisierten, im Osten und Westen;
er ist auch seit alters her bekannt und wir kennen viele berühmte Selbstmörder aus dem Altertum.
Sokrates, Cato, König Herlang
Die Mädchen von Milet (Plutarch),*Empedokles*

2.) Ansichten über den Selbstmord
Plato Zitat S. 14 (Siegmund)
Aristoteles
Religiöse Opfertote: Buddhistische Mönche in Vietnam
Juden-Selbstmorde
Der Gott Chiron
Sagunt (Hannibal)
Abydos (Philipp d. V.)
3.) Im alten und neuen Testament:
König Saul Verzweiflung
Simson Rache

(Beispiel der Wotjaken,
die sich im Hof ihrer Feinde aufhingen).
Judas Ausgestoßensein,
Verrat,
Einsamkeit
Hier treten schon differenzierte Züge des Phänomens auf.

III.

1.) Man wird aber dem ganzen Geschehen nicht nahekommen, wenn man in den gewohnten Denkbahnen an dieses Problem herankommen will:
Einteilungen: *Meininger – Lerchenthal*
Zitat S. 3 *Reichardt*
Man bleibt hier am Äußerlichen hängen, auch nicht *Zilborgs* Ansicht, Zitat S. 117
dass Selbstmord Krankheit ist, führt zum Ziel.

2.) Was ist es?
Es ist ein *Phänomen des Menschseins.*
Die Menschenseele trägt den Willen zum Selbstmord *in* sich. Jeder Mensch ist ein *potenzieller Selbstmörder.*
Alle haben es.
Viele versuchen es; gedanklich oder im Entschluss
Wenige führen es wirklich zu Ende.
Zitat über 700 Suizid-Versuche S. 121

3.) Was bringt in der Seele des Menschen dieses Phänomen zur Auslösung?
Seele und *Geist*
liegen im Kampf miteinander.
[Mensch in sich]

Seelengeist und *Körperleib*
liegen im Kampf miteinander.
[Geschöpf und Schöpfer]

Mensch und *Welt*
liegen im Kampf miteinander.
[Mensch und Gott]

Individualität und *Schicksal*
liegen im Kampf miteinander.

IV.

1.) Ergebnisse der Statistik:

Dubitscher S. 5 1. *Zunahme* im 19. Jhdt.
2. *Abnahme* in Kriegszeiten
3. *Religiöse* Bindungen
Protest. ... Kathol. ... Moham.
4. *Mehr Männer als Frauen*
5. *Frühsommergipfel*
6. *Alkoholkonsum*

2.) Die vier Urmotive des Selbstmordes.

I. Sich an ein Höheres opfern
«Mein Ich, es drohet zu entfliehen.» [*Empedokles*]

II. Von der Welt überwunden werden.
«Die Welt, sie drohet zu betäuben.» [*Saul*]

III. Die Welt geht an mir vorbei; sie lässt mich allein; [*Raimund*]
links liegen gelassen.

IV. Ich finde keine Beziehung zur Welt.
Ich bin in mir verfangen. [*Weininger*]
Meine Liebe ist erstorben.

3.) Selbstmord und Initiation.	Jeder Selbstmord ist ein Gottesbeweis.	*Die Welt ist mein eigenes Schicksal*

Was liegt als Schicksal vor?

V.

1.) Fragen wir aber nach dem Schicksal, das dem Selbstmord zugrunde liegt, dann ist es wieder nicht ein Allgemeines, sondern in jedem Fall ein Spezielles.
Ein *vollzogener* Selbstmord ist ein anderes als ein *versuchter* oder gar ein *gedachter.*
Im *vollzogenen* Selbstmord haben Schicksalsmächte ihre Hand im Spiel.
Im *versuchten* Selbstmord wird Schicksal provoziert. (Geschichte des Neffen von Frau Neugart)
Im *gedachten* Selbstmord kämpft das Geschöpf mit seinem Schöpfer.

2.) *Otto Weininger*
3. April 1880 – 4. Oktober 1903
Geschlecht und Charakter.
Domenico Campanella [*Civitas Soli*]
15. September 1568 – 21. Mai 1639
Haft: August 1599 – 15. Mai 1626
27 Jahre
Beschreibung Weiningers.

3.) *Ferdinand Raimund*
1. Juni 1790 – 29. VIII. ... 5. September 1836
Sein Lebensgang
Seine Schauspiele
Geister, Menschliche Verirrungen,
Valentin – Aschenmann – Habakuk
Zitat Hobellied S. 4
Tierquälerei, Hunde, Haustiere

Da streiten sich die Leut' herum. Und kommt der Tod einst mit Verlaub

VI.

1.) Der Schwellengang der Menschheit.
Der Selbstmord, in seiner ansteigenden Bedeutung,
ist ein anderes Symptom dafür.
Der Mensch kann seiner Auseinandersetzung mit Gott,
von dem er sein Schicksal erhalten hat, nicht entgehen.
Entweder: *Selbstmord*
oder: *Weg zur Einweihung*
Und so lang Du das nicht hast, dieses «Stirb und Werde».
Keine Religion hilft.
Die Freiheit des Sich-Findens als Schöpfer allein.

2.) *Kierkegaard:*
Die Krankheit zum *Tode.*

Lazarus: «Die Krankheit ist nicht zum Tode,
sondern zur Ehre Gottes, dass der Sohn
Gottes dadurch geehrt werde.» (Joh. XI. 4)

Damit aber beginnt ein neues Kapitel

Vortrag, 13. Oktober 1963, Wien

Selbstmord als Schicksal
u. die Frage der Wiederverkörperung.

I.

1.) Es kann als Vermessenheit erscheinen, in einem einzigen Vortrag das so umfassende Problem des Selbstmordes behandeln zu wollen. Das ist auch gar nicht die Absicht. Es sollen nur einige Gesichtspunkte dargelegt werden, aus welchen dann manches weitere sich ableiten lassen wird.

2.) Auch kann gefragt werden, warum ich gerade das Thema des Selbstmordes für einen Vortrag in Wien gewählt habe. Es ist ein eminent österreichisches Problem. Wie immer man die Dinge ansieht, der Donauraum u. der Selbstmord sind eng miteinander verbunden.
Raimund, Stifter, Weininger, Boltzmann u. viele andere; Weinheber, Stefan Zweig...
eine nicht endende Reihe

3.) Wien als Stadt der Selbstmorde
Zahlen ? zitieren S. 181 (Siegmund)

In Deutschland steht Selbstmord heute an 7. Stelle der Todes-Statistik. Gleich hinter den Verkehrsunfällen.
Was ist Selbstmord?

II. 1.) Fängt man an, sich mit dem Phänomen des Selbstmordes zu beschäftigen, dann beginnt man das Umfassende dieses Problems zu entdecken. Der Selbstmord ist nicht nur über die ganze Welt verbreitet:
bei Primitiven u. Zivilisierten, im Osten u. Westen;
er ist auch seit alters her bekannt u. wir kennen viele berühmte Selbstmörder aus dem Altertum.
Sokrates, Cato, König Herlaug
Die Mädchen von Milet (Plutarch)
Empedokles

2.) Ansichten über den Selbstmord
Plato Zitat S. 14 (Siegmund)
Aristoteles
Religiöse Opfertode: Buddhistische Mönche in Vietnam
Juden-Selbstmorde
Der Gott Chiron
Sagunt (Hannibal)
Abydos (Philipp d. 2.)

3.) Im alten u. neuen Testament:
König Saul |Verzweiflung|
Simson |Rache|
(Beispiel der Wotjaken die sich im Hof ihrer Feinde aufhängen.
Judas |Ausgestoßensein, Verrat, Einsamkeit|

Hier treten schon differenzierte Züge des Phänomens auf.

III.

1.) Man wird aber dem ganzen Geschehen nicht nahe kommen, wenn man in den gewohnten Denkbahnen an dieses Problem herankommen will:
Einteilungen: Menninger – Gerdenthal
[Zitat] S. 3. Reichardt

Man bleibt hier am äußerlichen hängen.
Auch nicht Zilboorgs Ansicht. [Zitat] S. 117
Daß Selbstmord Krankheit ist führt zum Ziel.

2.) Was ist es?
Es ist ein Phänomen des Menschseins
Die Menschenseele trägt den Willen zum Selbstmord in sich. Jeder Mensch ist ein potentieller Selbstmörder.

Alle haben es.
Viele versuchen es; gedanklich oder im Entschluß
Wenige führen es wirklich zu Ende.
[Zitat] über 700 Suizid-Versuche [S. 121]

3.) Was bringt in der Seele des Menschen dieses Phänomen zur Auslösung?

Mensch in sich
- Seele u. Geist liegen im Kampf miteinander.
- Seelengeist u. Körperleib liegen im Kampf miteinander

[Geschöpf u. Schöpfer]

Mensch u. Gott
- Mensch u. Welt liegen im Kampf miteinander
- Individualität u. Schicksal liegen im Kampf miteinander.

4)

IV. 1) Ergebnisse der Statistik:

Dubitscher S. 5.
1. Zunahme im 19. Jhdt.
2. Abnahme in Kriegszeiten
3. Religiöse Bindungen
Protest. ... Kathol. ... Islam.
4. Mehr Männer als Frauen
5. Frühsommergipfel
6) Alkohol Konsum

2) Die vier Ur-Motive des Selbstmordes.

I. Sich an ein Höheres opfern
„Mein Ich, es drohet zu entfliehen

Empedokles

II. Von der Welt übermannt werden.
„Die Welt, sie drohet zu betäuben

Saul

III. Die Welt geht an mir vorbei;
sie läßt mich allein;
links liegen gelassen

Raimund

IV. Ich finde keine Beziehung zur Welt. Ich bin in mir verfangen
Meine Liebe ist erstorben

Weininger

3.) Selbstmord und Initiation.

Jeder Selbstmord ist ein Gottesbeweis

Die Welt ist mein eigenes Schicksal

Was liegt als Schicksal vor?

V.

1.) Fragen wir aber nach dem Schicksal, das dem Selbstmord zugrunde liegt, dann ist es wieder nicht ein Allgemeines, sondern in jedem Fall ein Spezielles.

Ein vollzogener Selbstmord ist ein Anderes, als ein versuchter, oder gar ein gedachter:

Im vollzogenen Selbstmord haben Schicksalsmächte ihre Hand im Spiel.

Im versuchten Selbstmord wird Schicksal provoziert. (Geschichte des Neffen von Frau Neugart)

Im gedachten Selbstmord kämpft das Geschöpf mit seinem Schöpfer.

2.) Otto Weininger

3. April 1880 — 4. Oktober 1903

Geschlecht & Charakter.

Domenico Campanella [Civitas Soli]

15. Sept. 1568 — 21. Mai 1639

Haft: August 1599 — 15. Mai 1626

27 Jahre

Beschreibung Weiningers.

3.) Ferdinand Raimund

1. Juni 1790 — 29. VIII ... 5. September 1836

Sein Lebensgang

Seine Schauspiele

Geister, Menschliche Verirrungen.

Valentin - Aschenmann - Habakuk

[Zitat] Hobellied S. 4

Da streiten sich die Leut' herum.
Und kommt der Tod einst mit Verlaub

Tierquälerei, Hunde, Haustiere

VI.

1.) Der Schwellengang der Menschheit.
Der Selbstmord,
in seiner ansteigenden Bedeutung,
ist ein anderes Symptom dafür.
Der Mensch kann seiner
Auseinandersetzung mit Gott
von dem er sein Schicksal erhalten hat,
nicht entgehen.
Entweder: Selbstmord
oder: Weg zur Einweihung

Und so lang Du das nicht hast,
Dieses "Stirb & Werde":
Keine Religion hilft.
Die Freiheit des Sich-Findens –
als Schöpfer allein.

2.) Kierkegaard: Die Krankheit zum Tode

Lazarus: „Die Krankheit ist
nicht zum Tode, sondern
zur Ehre Gottes, daß
der Sohn Gottes dadurch
geehrt werde".
(Joh. XI. 4)

Damit aber
beginnt ein neues
Kapitel.

HA

VII. Königs Vortragsnotizen 1966: Das Tor der Sonne und das Tor des Mondes

In einem Aufsatz in den *Mitteilungen aus der Arbeit der Anthroposophischen Gesellschaft in Deutschland* mit dem Titel «Begegnungen mit Karl König» (zum 100. Geburtstagstag) schrieb sein langjähriger Freund Wolfgang Schad folgende Zeilen:

> In seinem letzten Lebensjahr 1966 sprach er [König] das letzte Mal Anfang März in einem Abendvortrag in der Waldorfschule über das Thema «Das Tor der Sonne und das Tor des Mondes». Der Vortrag hielt sich ganz an die gleichnamigen späten Vorträge Rudolf Steiners vom 28. Januar und 6. Februar 1924 (GA 240). Ich erinnere, dass König keineswegs eine Interpretation oder Deutung dieser Vorträge, wie ich erwartet hatte, gab. Vielmehr ging er, unter Enthaltung aller eigenen Ideen, ganz in den Darstellungen Rudolf Steiners selbstlos auf und versuchte sie mit aller Nachdrücklichkeit seiner starken Persönlichkeit der Zuhörerschaft nahezubringen. Eine Schülermutter, deren Kind am gleichen Tag einen Verkehrsunfall erlitten hatte und im Krankenhaus lag, sagte

danach, sie habe den Vortrag so erlebt, als ob er für sie gehalten worden wäre.[63] Es ging darin um die geistige Polarität der Tore der Geburt und des Todes. Wo Karl König in seinen letzten Monaten noch einen Vortrag halten konnte, hat er zu diesem Thema gesprochen.[64] Dann starb er am 27. März 1966 im Krankenhaus in Überlingen am Herzversagen.

Es folgen hier die Vorbereitungsnotizen Karl Königs zu diesen Vorträgen sowie eine Transkription. Eine Nachschrift existiert leider nicht.

Vortrag: Mainz, 6. März 1966
Pforzheim, 10. März 1966

Das Tor der Sonne u.
das Tor des Mondes.

I. Im öffentlichen Vortrag gestern, habe ich versucht, das Problem der Euthanasie, wie es sich heute der Menschheit darstellt, zu charakterisieren.

Und es war ja wichtig, darauf hinzuweisen, daß eine Lösung dieses Problems nur dann möglich wird, wenn man Ernst macht mit den Geistesfragen, mit welchen die heutige Menschheit konfrontiert wird. Fragen, die aber doch nur wirklich gelöst werden können, wenn man die Geisteswissenschaft berücksichtigt.

Die Frage nach Geburt u. Tod.

[Zitat] Rudolf Steiners
Vortrag vom 25. X. 1919
S. 92

Das Bewußtseins-Seelen-Zeitalter.

Die Konfrontationen der Menschheit
Contergan-Katastrophe,
Alte Menschen,
Geisteskranke,
Fehlgeborene.

II.

Nun gibt es eine Darstellung Rudolf Steiners, in welcher er uns das Tor des Todes & das Tor der Geburt darstellt. Es ist jener bedeutende Vortrag vom 25. Januar 1924 in Bern. [Tag des Paulus] Dort nennt er diese beiden Tore das der Sonne & das des Mondes.

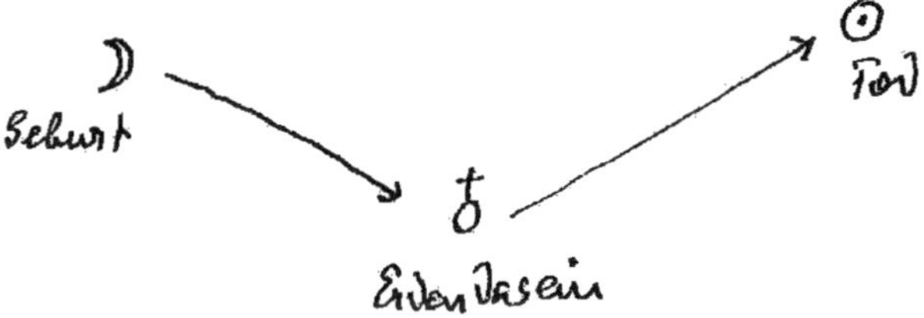

Rückgreifend auf das gestern Dargestellte können wir nun sagen: Die fehlgeborenen Kinder sie sammeln sich vor dem Tor des Mondes zusammen. Wir müssen die Vorstellung entwickeln, daß die, die nicht ins Leben hereinfinden, zu eng & innig mit dem Mond verbunden bleiben.

Die Alten aber, sie wollen zur Sonne hin & können sie nicht erreichen. Sie stehen wie eine gewaltige Wolke vor diesem Sonnentor; wollen hindurch, erreichen es aber nicht.

So gibt es die beiden sozialen Phänomene, die sich in der heutigen Zeit vor uns hinstellen.
Das eine – vor dem Mondentor
Das andere – vor dem Sonnentor.
Was bedeutet das?

III.

Es ist eine Phrase, wenn man heute sagt, dass die Erde ein Ganzes geworden ist. Und doch ist es so u. schon 1912 hat Rudolf Steiner auf dieses Phänomen hingewiesen.

Er charakterisiert die Ausbreitung der die Erde umspannende Technik mit all ihren Folgezuständen für die Menschheit.

[Zitat] Vortrag 5. Mai 1912 S. 3

Und deutlich wird dann darauf hingewiesen, dass dieser Leib nicht allein bestehen bleiben darf; dass eine Seele hinzukommen muss, die ergänzt, was sonst allein bliebe.

[Zitat] Vortrag 5. V. 1912 S. 3/4

Weil aber die erwartete Seele nicht zur Ergänzung des Leibes wurde, warten nun die Opfer dieser unerfüllten Ergänzung am Rande des Erdenlebens – vor Mond u. Sonne stehend – auf ihre Erlösung.

Es ist Menschheitskarma, das uns da entgegentritt.

Die Kinder rufen.

Die Alten harren.

Der Christus breitet seine Arme aus u. wartet auf die Erfüllung.

IV.

Nun charakterisiert aber Rudolf Steiner die beiden Tore in einer besonderen Art.

Die Sonne als das Allgemein-Menschliche

Der Mond als das Individuell-Menschliche

[Zitat] S. 5

Wie ist das zu verstehen?

Die Kolonie der Mondenlehrer.
Unsere individuellen Eigenschaften.

[Zitat] S. 4

Wie vollzieht sich dieser Vorgang?

Die Bildung des Geistkeimes
Ankunft der Seele am Monde.
Erdenkeim u Geistkeim. Der 17. Tag.

Die Bildung des Aetherleibes
Die Eingliederung des Karma-Päckchens
Der Mensch wird individualisiert.
Gelingt das nur zum Teil, dann bleiben grosse Partien des Allgemeinen übrig.
Geistkeim u Mongolismus.
Die vier Gruppenseelen des Menschen

usw.

V. Nun hat uns aber Rudolf Steiner noch auf ein Anderes in diesem Zusammenhang hingewiesen: auf die grosse <u>Metamorphose</u> zwischen

Haupt u. Gliedmaßen.

Diese Verwandlung vollzieht sich so, dass die Gliedmaßen ein zukünftig-sonnenartiges sind; sie verwandeln sich in ein vergangen-mondenhaftes im Haupte.

Die Gliedmaßen weisen hin → Zukunft.
Das Haupt weist zurück → Vergangenes.

<u>Zitat</u> S. 6/7

Die Sonne zieht uns aus dem <u>Sehnendensein</u> an das <u>Irdische</u> heraus. <u>Die Alten.</u>

Das Gehirn u. der Mond machen uns egoistisch. <u>Die Fehlgeborenen</u>

Reinkarnation u. Karma.

6.)

VI.

„Der Weltensohn des Mondes . . . .

„Der Weltensohn der Sonne . . . . |Zitat| S. 10/11

Der Menschensohn

Der Du Kommst in den Wolken

„Und alsdann wird erscheinen das Zeichen des Menschensohnes am Himmel; und alsdann werden heulen alle Geschlechter auf Erden u. werden sehen kommen des Menschen Sohn in den Wolken des Himmels mit großer Kraft u. Herrlichkeit."

„Bald aber nach der Trübsal der Zeit werden Sonne u. Mond den Schein verlieren u. die Sterne werden vom Himmel fallen u. die Kräfte des Himmel werden sich bewegen.

|Zitat| Vortrag vom 25. I. 1910 S. 21

Auch ein 25. I. 14 Jahre vorher

VI.

Die Seele ist der Friede.

Das Rosenkreutz

|Zitat| Vortrag 5. V. 1912 S. 18

Das gegenseitige Verständnis, das ist der Friede.

In der Zeitenwende

Hirtenherzen. Königshäupter

AA

Transkript

Vortrag

Mainz, 6. März 1966
Pforzheim, 10. März 1966

Das Tor der Sonne und das Tor des Mondes

I. Im öffentlichen Vortrag gestern habe ich versucht, das Problem der Euthanasie, wie es sich heute der Menschheit darstellt, zu charakterisieren.
Und es war ja wichtig, darauf hinzuweisen, dass eine Lösung dieses Problems nur dann möglich wird, wenn man Ernst macht mit den Geistesfragen, mit welchen die heutige Menschheit konfrontiert wird. Fragen, die aber doch nur wirklich gelöst werden können, wenn man die Geisteswissenschaft berücksichtigt.
Die Frage nach *Geburt* und *Tod.*
Zitat Rudolf Steiners (Vortrag vom 25. X. 1919, S. 92)
Das Bewusstseins-Seelen-Zeitalter.
Die Konfrontationen der Menschheit.
Contergan-Katastrophe,
Alte Menschen,
Geisteskranke,
Fehlgeborene.

II. Nun gibt es eine Darstellung Rudolf Steiners, in welcher er uns das Tor der Todes und das Tor der Geburt darstellt. Es ist jener bedeutende Vortrag vom *25. Januar 1924* in Bern. *Tag des Paulus.*
Dort nennt er diese beiden Tore das der *Sonne* und das des *Mondes.*

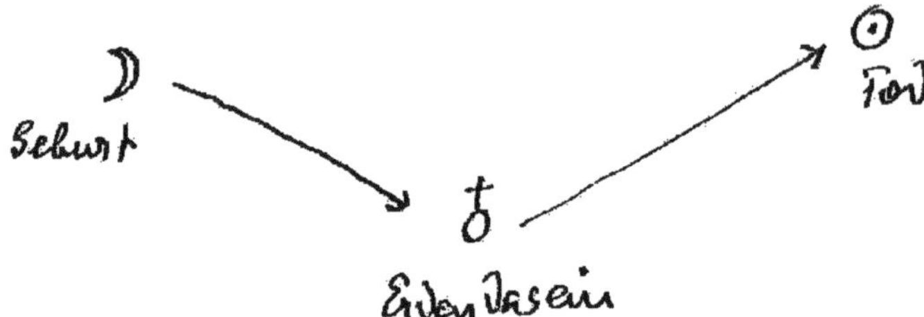

Rückgreifend auf das gestern Dargestellte können wir nun sagen: Die fehlgeborenen Kinder, sie sammeln sich vor dem Tor des Mondes zusammen. Wir müssen die Vorstellung entwickeln, dass die, die nicht ins Leben hereinfinden, zu eng und innig mit dem Mond verbunden bleiben.
Die Alten aber, sie wollen zur Sonne hin und können sie nicht erreichen. Sie stehen wie eine gewaltige Wolke vor diesem Sonnentor; wollen hindurch, erreichen es aber nicht.
So gibt es die beiden sozialen Phänomene, die sich in der heutigen Zeit vor uns hinstellen.
Das eine – vor dem Mondentor
Das andere – vor dem Sonnentor.
Was bedeutet das?

III. Es ist eine Phrase, wenn man heute sagt, dass die Erde ein *Ganzes* geworden ist. Und doch ist es so und schon 1912 hat Rudolf Steiner auf dieses Phänomen hingewiesen.
Er charakterisiert die Ausbreitung der die Erde umspannenden Technik mit all ihren Folgezuständen für die Menschheit.
Zitat Vortrag 5. Mai 1912, S. 3
Und deutlich wird dann darauf hingewiesen, dass dieser *Leib* nicht allein bestehen bleiben darf; dass eine *Seele* hinzukommen muss, die ergänzt, was sonst allein bliebe.

Zitat Vortrag 5. V. 1912, S. 3/4
Weil aber die erwartete *Seele* nicht zur Ergänzung des *Leibes* wurde, warten nun die Opfer dieser unerfüllten Ergänzung am Rande des Erdenlebens – vor Mond und Sonne stehend – auf ihre Erlösung.
Es ist *Menschheitskarma*, das uns da entgegentritt.

Die Kinder rufen.
Die Alten harren.

Der Christus breitet seine Arme aus und wartet auf die Erfüllung.

IV. Nun charakterisiert aber Rudolf Steiner die beiden *Tore* in einer besonderen Art.
Die Sonne als das *Allgemein-Menschliche.*
Der Mond als das *Individuell-Menschliche.*
Zitat S. 5
Wie ist das zu verstehen?
Die Kolonie der *Mondenlehrer.*
Unsere individuellen Eigenschaften.
Zitat S. 4
Wie vollzieht sich dieser Vorgang?
Die Bildung des *Geistkeimes.*
Ankunft der Seele am Monde.
Erdenkeim und *Geistkeim.* Der 17. Tag.
Die Bildung des *Ätherleibes.*
Die Eingliederung des *Karma-Päckchens.*
Der Mensch wird *individualisiert.*
Gelingt das nur zum Teil, dann bleiben große Partien des *Allgemeinen* übrig.
Geistkeim und [Down-Syndrom].
Die vier Gruppenseelen des Menschen usw.

V. Nun hat uns aber Rudolf Steiner noch auf ein anderes in diesem Zusammenhang hingewiesen: Auf die große *Metamorphose* zwischen

Haupt und Gliedmaßen.,

Diese Verwandlung vollzieht sich so, dass die Gliedmaßen ein Zukünftig-Sonnenartiges sind; sie verwandeln sich in ein Vergangen-Mondenhaftes im Haupte.

Die Gliedmaßen weisen hin → Zukunft.

Das Haupt weist zurück → Vergangenes.

Zitat S. 6/7
Die Sonne reißt uns aus dem *Gebundensein* an das *Irdische* heraus.

Die Alten.

Das Gehirn und der Mond machen uns egoistisch.

Die Fehlgeborenen.

Reinkarnation und Karma.

VI. «Du Weltensohn des Mondes ...»
«Du Weltensohn der Sonne ...» Zitat S. 10/11

Der Menschensohn

Der Du kommst in den Wolken

«Und alsdann wird erscheinen das Zeichen des Menschensohnes am Himmel; und alsdann werden heulen alle Geschlechter auf Erden und werden sehen kommen den Menschensohn in den Wolken des Himmels mit großer Kraft und Herrlichkeit.»

Zitat Vortrag vom 25. 1. 1910, S. 21
Auch am 25. 1. *14 Jahre vorher*

[«*Bald aber nach dem Trübsal der Zeit werden Sonne und Mond den Schein verlieren und die Sterne werden vom Himmel fallen und die Kräfte der Himmel werden sich bewegen.*»]

VI. Die *Seele* ist der *Friede.*
Das Rosenkreutz
Zitat Vortrag 5. 5. 1912, S. 18
Das gegenseitige Verständnis,
Das ist der Friede.
In der Zeitenwende ...
Hirtenherzen, Königshäupter.

VIII. Die Planung für die Reisen Karl Königs 1966

Die Termine auf der ersten Seite seines Reiseplanes für das Jahr 1966 (s. unten) konnte Karl König alle wahrnehmen. Auf der zweiten Seite heißt es wie vorausahnend: *bis Sonntag 27. März: Brachenreuthe.* Er kehrte am 15. März nach Brachenreuthe zurück und hielt dort am 17. März den ersten Vortrag einer geplanten Vortragsreihe über *Die drei Geburten des Menschen.* Am 19. März fuhr er zum letzten Mal nach Dornach, um an einer Vorbereitung für eine im Oktober 1966 geplante Ärztetagung teilzunehmen; er sollte dort über Epilepsie und Psychose sprechen. Doch er kehrte erschöpft nach Hause zurück, und eine heftige Herzattacke zwingt ihn am 23. März zur Bettruhe. Am 25. März musste er ins Überlinger Krankenhaus aufgenommen werden, wo er – mit Blick auf seinen geliebten Bodensee – am 27. März verstarb. Hans Müller-Wiedemann, der die letzten Lebenstage ausführlich beschreibt, berichtet, dass es an dem Sonntag zur Mittagszeit war und fügt hinzu:

> Am frühen Nachmittag bemerkten Eltern, die wegen ihres kranken Kindes eine Verabredung mit Karl König für diesen Tag hatten, einen Regenbogen, der sich über den See spannte.[65]

DR. KÖNIGS REISEPROGRAMM: 1966

Montag, 21. Februar, bis Donnerstag, 3. März: Brachenreuthe
777 Überlingen/Bodensee

Freitag, 4., bis Sonntag, 6. März: Wiesbaden

Samstag Abend öffentlicher Vortrag: "Euthanasie und soziale Frage"

Sonntag Vormittag Zweig-Vortrag: "Das Tor der Sonne und das Tor des Mondes"

c/o
Nassauer Hof
62 Wiesbaden
Wilhelmstrasse

Sonntag, 6., bis Dienstag, 8. März: Heidelberg

Besprechungen an der Universitäts-Nervenklinik; Montag abends voraussichtlich Vortrag vor Studenten.
c/o
Europäischer Hof
69 Heidelberg

Dienstag, 8. März: Karlsruhe

Öffentlicher Vortrag: "Euthanasie als soziale Frage"
c/o
Schloss-Hotel
75 Karlsruhe

Mittwoch, 9. bis Freitag, 11. März: Pforzheim

Mittwoch öffentlicher Vortrag, Donnerstag Zweig-Vortrag, Themen wie in Wiesbaden.
c/o
Dr. Hans Werner
753 Pforzheim
Bleichstrasse 47

Freitag, 11., bis Sonntag, 13. März: Freiburg

Kursus über Embryologie.
c/o
Hotel Colombi
78 Freiburg i. Br.

Sonntag, 13., und Montag, 14. März: Basel
c/o
Hotel Schweizer Hof
CH 4000 Basel
Bahnhofsplatz

Dienstag, 15., bis Sonntag, 27. März: Brachenreuthe

Sonntag, 27., bis Donnerstag, 31. März: St. Prex und
Aigues-Vertes

Freitag, 1., bis Mittwoch, 6. April: Stuttgart

1. April: Zweig-Vortrag: "Das Tor der Sonne und das Tor des Mondes"

2. und 3. April: Zwei öffentliche Vorträge in der Liederhalle: "Euthanasie heute"

4. bis 6. April: Kursus über Menschenkunde am Eurythmeum

c/o
Frau F.M. Reuschle
7 Stuttgart-Sillenbuch
Treitschkestrasse 10

---

ab Donnerstag, 7. April: Brachenreuthe

Freitag, 6., bis Sonntag, 8. Mai: Ulm

Vorträge werden noch arrangiert.

Ab 12. oder 13. Mai beginnt eine dreiwöchige Vortragsreise nach Ost-Deutschland, Prag, Budapest und Wien. Näheres darüber folgt später.

Anmerkungen

1 Michael Bruhn ist Priester der Christengemeinschaft und hat einige Jahre in der Camphill-Bewegung in Schottland mitgearbeitet. Siehe Newsletter des Karl König Instituts, Sommer 2022.

2 Das Gedicht ist in voller Länge wiedergegeben in: Karl König: *Den Sinn des Lebens will ich haben. Sprüche und Gedichte*, Stuttgart 2017, Kapitel «Ein letztes Gedicht?».

3 Bislang unveröffentlichte Vorträge. Aus dem Englischen übersetzt von Angela Stintzing.

4 1951 war die Camphill-Schule in Thornbury, in der Nähe von Bristol, gegründet worden.

5 Die Schwierigkeit, die Zeitereignisse adäquat zu erkennen, während man selbst darinnen steht, bleibt sicher bis heute bestehen. Damals, 1958, gab es ebenfalls eine Kulmination von verschiedenen bedrohlichen Situationen: Es war die erste ernsthafte Rezession der Nachkriegsweltwirtschaft; nach der Suezkrise war der Kalte Krieg auf seinem Höhepunkt; es gab Kämpfe an vielen Orten – beispielsweise hatte der Krieg in Algerien begonnen, die Kubanische Revolution und der Bürgerkrieg im Libanon; der ungarische Aufstand wurde unterdrückt und die Anführer der Revolution waren vor Gericht und wurden bald darauf zum Tode verurteilt. Es gab aber auch große Ängste vor einer atomaren Katastrophe, als bekannt wurde, dass die USA atomare Waffen in Deutschland lagerten und einige Unfälle in Atomkraftwerken geschehen waren.

6 Rudolf Steiner zufolge begann das Kali Yuga 3101 v. Chr. und dauerte 5.000 Jahre (bis 1899).

7 Siehe auch: «Das Problem der Euthanasie», zwei Vorträge, 1. und 14. November 1965, in Karl König: *Das Seelenpflege-bedürftige Kind*, Stuttgart 2008.

8 Zum Beispiel in Rudolf Steiner: *Die Verbindung zwischen Lebenden und Toten,* im Vortrag vom 24. Oktober 1916, GA 168, Dornach 1995.
9 9 Rudolf Steiner: *Das Geheimnis der Trinität,* Vortrag vom 22. August 1922, GA 214, Dornach 1999.
10 Rudolf Steiner beschreibt das in: *Erdensterben und Weltenleben,* Vortrag vom 1. April 1918, GA 181, Dornach 1991.
11 Rudolf Steiner: *Gegenwärtiges und Vergangenes im Menschengeiste,* Vortrag vom 4. April 1916, GA 167, Dornach 1962.
12 Thor Heyerdahl (1914–2002), ein norwegischer Anthropologe, wurde 1947 mit seiner Kon-Tiki-Expedition berühmt. Seine erste Osterinselexpedition war 1955–56, beschrieben in Thor Heyerdahl: *Aku-Aku: Das Geheimnis der Osterinsel,* Berlin 1957.
13 Siehe Anhang ab S. 159.
14 In Rudolf Steiner: *Das Matthäus-Evangelium,* Vortrag vom 10. September 1910, GA 123, Dornach 1988 und in: *Das Johannes-Evangelium im Verhältnis zu den drei anderen Evangelien,* besonders zu dem Lukas-Evangelium, Vortrag vom 7. Juli 1909, GA 112, Dornach 2007.
15 Rudolf Steiner: *Okkulte Untersuchungen über das Leben zwischen Tod und neuer Geburt,* Vortrag vom 10. Oktober 1913, GA 140, Dornach 2019.
16 Rudolf Steiner: *Inneres Wesen des Menschen und Leben zwischen Tod und neuer Geburt,* GA 153, Dornach 1997.
17 Rudolf Steiner: *Aus der Akasha-Forschung. Das Fünfte Evangelium,* Vortrag vom 10. Februar 1914, GA 148, Dornach 2014.
18 Siehe Anmerkung 16.
19 Tatsächlich formte sich eine Gruppe und arbeitete viele Jahre lang innerhalb Camphill International mit diesen Vorträgen. Das Bewusstsein für die Bedeutung dieser Vorträge wird von einigen noch immer weitergetragen.
20 Das Gedicht «Die Verwandlungen des Menschen» verfasste Karl König im Juli 1921 (18-jährig). Wie so oft, nahm er leichte Änderungen vor, als er es für seine Sammlung *Gesänge 1920–28* abschrieb, die er seiner Frau Tilla, wohl bald nach der Hochzeit, 1929 schenkte.
Tilla schenkte sie wiederum der Tochter Renate am 3. Dezember 1980 zum 50. Geburtstag «Von der alten Mutter». Zur Entstehung des Gedichts siehe im Anhang «Der Todestag Gustav Mahlers».
21 Der Aufsatz wurde erstmalig 1950 auf Englisch in der Zeitschrift *The Golden Blade* veröffentlicht, dann, leicht verändert, auf Deutsch in: *Der Beitrag der Geisteswissenschaft zur Erweiterung der Heilkunst,* Vol. 2, 1951.
22 Helen Flanders Dunbar: *Emotions and Bodily Changes,* New York 1947.
23 Rudolf Steiner/Ita Wegman: *Grundlegendes für eine Erweiterung der Heilkunst* (Kapitel VII), GA 27, Dornach 2014; Rudolf Steiner: *Weltwesen und Ichheit* (2.

Vortrag), GA 169, Dornach 1998; Rudolf Steiner: «Blut ist ein ganz besonderer Saft» (2. Vortrag), in: *Die Erkenntnis des Übersinnlichen in unserer Zeit*, GA 55, Dornach 1983.

24 Siehe dazu die Ausführungen Rudolf Steiners im 2., 3. und 4. Vortrag des Zyklus *Eine okkulte Physiologie*, GA 128, Dornach 1991.

25 Michael Fordham: *The Life of Childhood*, London 1944.

26 Henry Morton Stanley: *Mein Leben*, München 1911. Stanley wurde 1861 geboren.

27 Adalbert Stifter: «Selbstbiographie» in: *Betrachtungen und Bilder*, Wien 1923.

28 Madeleine Thomas: *Méthode de histoires à compléter pour le dépistage des complexes et des conflits affectifs enfantins*, Archives de Psychologie XXVI, Genève 1937.

29 Sylvia Anthony: *The Child's Discovery of Death*, London 1940.

30 Zitiert in: *The Child's Discovery of Death*.

31 Leo Kanner: *Child-Psychiatry*, Baltimore 1942.

32 Arthur Mitchell: *About Dreaming, Laughing and Blushing*, Edinburgh 1905.

33 Karl König schrieb diesen Aufsatz 1933 für *Natura*, Zeitschrift der Medizinischen Sektion der Anthroposophischen Gesellschaft, herausgegeben von Ita Wegman. Er verfasste noch einen zweiten Teil über die Verbindung von Scharlach und Diphterie zur Tiefwinterzeit, die er beim Studium einer Forschungsarbeit entdeckt hatte, in der in den USA über einen Zeitraum von 9 Jahren relevante Statistiken gesammelt wurden. Dieser 2. Teil ist angefügt, da die beiden zusammengehören.

34 Bernhard de Rudder: *Wetter und Jahreszeit als Krankheitsfaktoren*, Berlin 1931.

35 *Münchener Medizinische Wochenschrift*, 22. Juli 1932 (Hervorhebung durch Hagentorn).

36 *Münchener Medizinische Wochenschrift*, 2. September 1932.

37 Rudolf Steiner: *Der Jahreskreislauf als Atmungsvorgang der Erde*, Vortrag vom 8. April 1923, GA 223, Dornach 1990.

38 Rudolf Steiner: *Über Gesundheit und Krankheit. Grundlagen einer geisteswissenschaftlichen Sinneslehre*, Vortrag vom 24. Oktober 1922, GA 348, Dornach 1997.

39 *Münchener Medizinische Wochenschrift*, H. 30, 1932.

40 Die Zitate, wenn nicht anders angegeben, sind den Tagebüchern Karl Königs (Karl König Archiv Aberdeen, Schottland) entnommen.

41 Anne Weise: *Alfred Bergel – Skizzen aus einem vergessenen Leben*, Stuttgart 2014.

42 Siehe in diesem Band ab S. 57.

43 Einige dieser Vorträge sind enthalten in: Rudolf Steiner: *Der Kreislauf des Menschen innerhalb der Sinnes-, Seelen- und Geisteswelt*, GA 68b, Dornach 2021.

44 Karl König: *Geister unter dem Zeitgeist*, Stuttgart 2011, S. 418, 420, 424.

45 Ein Band über Musik und Musiktherapie ist für die Werkausgabe in Vorbereitung.

46 Aus: *The Cresset*, Zeitschrift der Camphill-Bewegung, Michaeli 1964. Aus dem Englischen übersetzt von Angela Stintzing. Wolfgangs eigentlicher Nachname war Beuerle. Er änderte ihn, als er sein neues Leben in Camphill begann. Er starb am 3. April 1964.

47 Nachdem zwischen 1959 und 1962 sehr viele Kinder mit fehlenden oder missgestalteten Gliedmaßen zur Welt kamen, suchte man nach Gründen, die hauptsächlich in Verbindung mit der Einnahme des Medikaments «Contergan» mit der Substanz Thalidomid bei den Müttern gesehen wurde. Das öffentliche Interesse war sehr groß und die Vereinigung Anthroposophischer Ärzte in Deutschland hatte einen Vortragenden gesucht, der das Problem aus Sicht der Anthroposophischen Medizin betrachten und darstellen könnte. Karl König hatte bereits drei kurze Aufsätze dazu in der Zeitschrift *Die Kommenden* geschrieben und wurde um einen Vortrag gebeten, der am 18. April 1963 in der Stuttgarter Liederhalle stattfand. Der Andrang war so groß, dass der Vortrag am folgenden Tag noch mal wiederholt werden musste. Im Juni 1963 erschien dann ein Sonderdruck der Aufsätze.

48 Zitiert nach Karl König: *Bilder des inneren Jahres*, Stuttgart 2009, S. 22.

49 Rudolf Steiner scheint gerade darauf hingewiesen zu haben, indem er nicht nur jedem Spruch eine Nummer zugeordnet hat – zu Ostern mit 1 beginnend bis zur nächsten Karwoche, die die Nummer 52 trägt –, sondern auch einen Buchstaben hinzugefügt hat. Da es 26 Buchstaben gibt, konnte er die Hälfte des Jahres (Ostern bis Michaeli) mit A – Z beziffern, die zweite Hälfte mit $\bar{A}$ – $\bar{Z}$. Die inhaltlich-sprachlich sich gegenüberstehenden Sprüche findet man leicht; die beiden dazu gehörenden durch die Buchstaben. Die zusammengehörenden Sprüche 20 und 33 zum Beispiel, haben die Buchstaben T und G; sucht man die Sprüche mit $\bar{T}$ und $\bar{G}$, dann sind es die Strophen 7 und 46.

50 Dies ist das Hauptthema in dem Band Karl König: *Anleitungen zum Seelenkalender*, Stuttgart 2009.

51 Die Skizzen sind undatiert, die farbigen Zeichnungen, die in dem Band Karl König: *Anleitungen zum Seelenkalender*, Stuttgart 2009, wiedergegeben sind, hat er 1948 fertiggestellt.

52 Im Vortrag vom 7. März 1911, in: *Exkurse in das Gebiet des Markus-Evangeliums*, GA 124, Dornach 1995.

53 Vom 1. April 1923, in: *Der Jahreskreislauf als Atmungsvorgang der Erde und die vier großen Jahreszeiten*, GA 223, Dornach 1990.

54 In: Karl König: *Meine Zukünftige Aufgabe*, Stuttgart 2008, ab S. 136.

55 Siehe Karl König: *Mensch unter Menschen werden*, Stuttgart 2009.

56 Das Hauptthema seiner Vorträge in Wien war «Die zwölf Sinne», sie sind in dem Band Karl König: *Die zwölf Sinne des Menschen* (Band I), Stuttgart 2020, wiedergegeben. Dort werden auch weitere Einzelheiten zu der Reise aus dem Tagebuch angeführt.

57 Seine Eröffnungsreden für das Ita-Wegman-Haus und das Eberhard-Schickler-Haus sind im Archiv vorhanden. Das Eugen-Kolisko-Haus ist erst nach seinem Tod eröffnet worden. Über die Zusammenarbeit mit Ita Wegman siehe Peter Selg: *Ita Wegman und Karl König*, Dornach 2008.

58 Abgedruckt in: *Karl König und Kaspar Hauser*, herausgegeben von Peter Selg und Richard Steel, Stuttgart 2012.

59 Im Aufsatz «Vom Sinn und Wert heilpädagogischer Arbeit» in: Karl König: *Das Seelenpflege-bedürftige Kind. Vom Wesen der Heilpädagpogik*, Stuttgart 2008.

60 In Anlehnung an die *Offenbarung des Johannes* im 20. Kapitel.

61 Die Bilder sowie die Hintergründe dazu sind Inhalt des Bandes Karl König: *Bilder des inneren Jahres*, Stuttgart 2009.

62 Karl König: *Anleitungen zum Seelenkalender*, Stuttgart 2009. Hier im Abschnitt zum 20. Spruch, ab S. 188.

63 Tatsächlich hat König von dem Unfall gewusst; wir wissen aus seinem Tagebuch, dass Alix Roth, die mit ihm gereist war, den Unfall gesehen und ihm kurz vor dem Vortrag davon erzählt hatte.

64 Soweit wir wissen, hat König diesen Vortrag in Wiesbaden, Mainz und Pforzheim gehalten. Geplant war das auch für Brachenreuthe, Stuttgart und Ulm, doch er verstarb davor. Nach den Vortragsnotizen drucken wir die Planung seiner letzten Reisen, wie sie von seiner Sekretärin notiert worden waren. Am 14. und 15. März fanden die ihm sehr wichtigen Begegnungen mit dem Vorstand am Goetheanum statt sowie ein Besuch bei den Ärzten der Ita Wegman Klinik.

65 Hans Müller-Wiedemann: *Karl König. Eine mitteleuropäische Biographie*, Stuttgart 2016.

Die Karl König Werkausgabe erscheint seit 2008 sukzessive im Verlag Freies Geistesleben (Stuttgart) sowie in englischer Sprache bei Floris Books (Edinburgh). Sie wird herausgegeben vom *Karl König Archive* (Aberdeen) und berücksichtigt den gesamten, umfangreichen Nachlass Karl Königs – seine sämtlichen Bücher, Aufsätze und Manuskripte, Vorträge und Vortragsvorbereitungen, seine Tagebuch- und Notizbucheintragungen, seine künstlerischen Arbeiten und seine weitläufige Korrespondenz. Die einzelnen Bände der Werkausgabe werden in zwölf thematischen Kategorien publiziert. Es ist das Ziel der Ausgabe, Königs umfangreiches Lebenswerk in systematischer Weise zu erschließen und der Öffentlichkeit bekannt zu machen, eine Arbeit, an der zahlreiche Mitarbeiter aus verschiedenen Ländern beteiligt sind.

Die 12 Abteilungen der Werkausgabe:

1. Medizin und medizinische Menschenkunde
2. Heilpädagogik und Sozialtherapie
3. Psychologie und Pädagogik
4. Landwirtschaft und Naturwissenschaft
5. Soziale Frage
6. Camphill-Bewegung
7. Christentum und Jahresfeste
8. Allgemeine Anthroposophie
9. Zum inneren Schulungsweg
10. Geistesgeschichte und biographische Arbeiten
11. Das künstlerische und literarische Werk
12. Zur Biographie Karl Königs

Karl König Archive
Camphill House
Milltimber | Aberdeen AB 13 0AN
United Kingdom
www. karlkoeniginstitute.org
aberdeen@karlkoeniginstitute.org